초대교부들의 눈에 비친
예수님의 얼굴

곽 계 일 엮음

기독교문서선교회

기독교문서선교회(Christian Literature Crusade: 약칭 CLC)는
1941년 영국 콜체스터에서 켄 아담스에 의해 시작되었으며
국제 본부는 영국의 쉐필드에 있습니다.

국제 CLC는 59개 나라에서 180개의 본부를 두고, 약 650여 명의
선교사들이 이동도서차량 40대를 이용하여 문서 보급에 힘쓰고 있으며
이메일 주문을 통해 130여 국으로 책을 공급하고 있습니다.

한국 CLC는 청교도적 복음주의 신학과 신앙서적을 출판하는
문서선교기관으로서, 한 영혼이라도 구원되길 소망하면서
주님이 오시는 그날까지 최선을 다할 것입니다.

THE FACE OF JESUS,

reflected in the eyes of the early church fathers

by

Kyeil Kwak

Korean Edition
Copyright © 2012 by Christian Literature Crusade
Seoul, Korea

이 책을 오랜 집이 되어주신 부모님과
새 집이 되어 줄 약혼자 현에게 바칩니다.

This book is dedicated to my parents, who have been my house,
and to Hyun, who is going to be my house

엮은이의 말

:: 흑인 예수님, 로마인 예수님

미국 필라델피아 근교에 위치한 한 신학교에서 알게 된 친구의 집에 초대를 받아 방문하였습니다. 그 친구 집의 거실에 들어선 순간 걸음을 멈출 수밖에 없었습니다. 제 걸음을 멈춰 세운 것은 다름 아닌 거실 벽에 걸린 초상화 하나였습니다. 예수님의 초상화였습니다. 그 초상화 속 예수님은 흑인이었습니다. 제 친구는 아프리카계 미국인이었습니다.

기독교가 합법적인 종교로 인정받고 로마의 종교로 공인화된 것은 주후 4세기였습니다. 그 전까지 로마의 초대 기독교인들은 박해를 피해 지하 카타콤에서 비밀리에 모임을 가졌습니다. 그들은 글을 배우지 못하거나 성경을 읽을 시간이 없는 신분을 지닌 형제와 자매들을 위해 카타콤의 벽에다 그림을 그렸습니다. 그림으로 성경을 읽었습니다. 그림으로 하나님의 구원의 역사를 들었습니다. 이 그림들 속에 나타난 예수님은 당시 여느 젊은 로마 청년들처럼 토가(toga, 헐렁한 겉옷)와 팔리움(pallium, 토가 위에 걸치는 옷)을 입고 짧은 머리에 턱수염이 없는 모습으로 묘사되었습니다. 나사로를 살리는 장면에서는 당시 로마학교의 여느 스승들처럼 막대기를 들고 엄히 자신의 제자에게 명하고 계십니다. "나사로야, 나오너라!" 카타콤 벽화 속에 그려진 예수님은 로마인이셨습니다.

:: 초대교부들이 그린 예수님의 얼굴

예수님은 유대인이신가요? 아니면 3-4세기 로마인이신가요? 제 친구같은 아프리카계 미국인이신가요? 아니면 우리에게 복음을 전해 주셨던 선교사님 같은 유럽계 미국인이신가요? 우리처럼 한국인이신가요? 예수님은 누구이신가요? 질문하게 됩니다.

이 책 『예수님의 얼굴』은 초대교회 교부들의 글을 붓과 물감 삼아 그들이 사도들로부터 전해들은 예수님의 모습을 그려내려고 노력하였습니다. 아니 보다 정확히는 예수님에게 사로잡혀 그와 연합하여 살았던 교부와 초대교회 성도들의 모습을 그려내려 노력하였습니다. 즉 초대교부와 성도의 모습과 삶을 통해 드러난 예수님의 얼굴을 그려내려 하였습니다. 하나님은 아들 예수 그리스도 안에 당신의 형상을 드러내셨고, 우리는 그 아들의 형상을 닮아가도록 부름 받았기 때문입니다. 이런 이유에서 책의 부제를 '성도의 삶에 대한 초대교회의 이해'로 잡았습니다. 동일한 맥락에서 각 글마다 해당 초대교부들의 모습을 그린 아이콘^{Icon}을 함께 실었습니다.

정리하자면 이 책이 저와 독자들에게 던지는 질문은 "당신의 눈에 비친 예수님은 어떤 모습이십니까?"하는 것이 아니라 "당신을 통해 이웃과 사회의 눈에 비치는 예수님은 어떤 모습이십니까?"일 것입니다. 그러면 다음 질문을 이어 받게 될 것입니다.

"그 모습이 성경이 그리고 있는 예수님의 모습과 얼마나 닮았습니까?"

:: 책의 구성과 번역원문

이 책의 내용은 총 여덟 장에 걸쳐 담겨있고, 이 여덟 장은 각각 '탄생과 죽음'과 '부활과 새 창조'로 제목 붙인 맨 앞장과 뒷장 사이에 담겨 있습니다. 그러니까 초대교회가 이해한 성도의 '탄생과 죽음' 그리고 그 너머 '부활과 새 창조'가 전체 책의 내용인 것입니다.

    제1장의 제목은 '탄생·세례',
    제2장의 제목은 '얼굴·형상',
    제3장의 제목은 '양식·말씀과 성찬',
    제4장의 제목은 '결혼·공동체',
    제5장의 제목은 '호흡·찬송과 선포',
    제6장의 제목은 '호흡·기도',
    제7장의 제목은 '노동 · 섬김',

제8장의 제목은 '죽음·십자가' 입니다.

각 제목의 앞 부분은 한 인간의 생애의 여정을 그리고 뒷 부분은 그와 맞물려 대칭되는 신앙의 여정을 나열하였습니다. 그리고 각 장마다 두 여정이 자연스럽게 교차하여 섞이도록 구성하였습니다. 삶과 신앙을 분리하지 않았던 초대교부들이었기에 그들의 글 속에는 이 두 여정이 이미 신비롭게 한 몸을 이루고 있었노라고 정직하게 말해야겠습니다. 각 장들이 다른 장들과 한 몸처럼 연결되어 있다는 것은 말할 필요도 없습니다. 탄생부터 죽음까지 걸어가는 성도의 한 걸음 한 걸음을 그리스도께서 동행하시기에 이 한 분으로 말미암아 그의 안에서 모든 인생의 순간들이 구원의 한 몸을 이루기 때문입니다. 초대교부들에게 예수 그리스도는 시작이자 끝 그리고 둘 사이를 잇는 중간 여정, 즉 모든 것이었습니다.

이 책에 실린 초대교부들의 글은 대부분 미국성공회교회 신학자이자 초대교회 연구 권위자셨던 로버트 라이트(J. Robert Wright 1936~)가 영어로 번역하여 엮은 *Readings for the Daily Office from the Early Church*에서 글들을 선별하여 엮었습니다. 이 책에서 글을 인용할 때에는 책 제목의 앞머리 알파벳들을 골라 따서 [RDO]라는 약어로 표기하였습니다. 그 외 인용한 참고자료를 위해 사용한 임의의 약어에 대한 정보는 책 후반부의 참고문헌에 표기해 두었습니다. 라틴어나 그리스어 그리고 시리아어 같은 초대교부들이 사용했던 원문에 깊이있게 접근하지 못하는 언어적 부족함 때문만이 아닙니다. 비록 언어적으로 충분히 접근할 수 있었을지라도 초대교부들의 영성을 훼손하지 않고 그 깊이와 넓이를 헤아릴 수 없었고 고스란히 한국어로 옮길 수 없는 부족함 때문에 겸손해질 수밖에 없습니다. 그러나 그분들의 글을 붙들고 오랜 시간 씨름하며 깨어지는 순간마다 탄식과 기쁨이 섞여 나왔습니다.

∷ 몇 가지 배운 점

마지막으로 『예수님의 얼굴』을 기획하고 제작하면서 배운 것 중에서 몇 가지로 정리하여 독자들과 나눠 봅니다.

첫째, 초대교부들은 눈에 보이지 않는 영적인 것을 선포하고 가르치기 위해 눈에 보이는 육적인 것들을 적극적으로 사용했습니다(세례식의 물, 성찬식의 빵과 포도주 그리고 성경). 성육하신 예수님 안에 보이지 않는 것(성)과 보이는 것(육)이 연합하였기 때문입니다. 이들은 보이지 않는 것과 보이는 것 중 어느 하나를 다른 것에 비해 중시하는 이분법적인 태도를 경계하며, 둘 사이의 동적이고 긴장된 균형을 잡기 위해 계속해서 노력하였습니다.

둘째, 초대교부들은 성경 역시 성육신의 신비 안에서 하나님의 말씀이 성령님의 역사로 인간의 말과 문자를 입고 우리의 구원을 위해 주어진 선물로 이해하였습니다. 따라서 성경을 읽고 묵상하고 탐구하는 헌신을 그리스도를 뒤따르는 제자도로 받아들였습니다. 즉 성경에 대한 헌신은 주님과 연합하여 그를 닮아가는 변화의 길, 구원의 길이었습니다. 독자가 변화하는 만큼 성경 또한 변하는 살아있는 생명체로 여겼습니다. 독자의 영적 변화야말로 문자의 열쇠 안에 감춰진 성경의 참 의미를 여는 열쇠였습니다. 그리스도를 따르지 않은 채 성경을 학적 대상으로 연구하려는 자들에게 성경은 자신을 열어 보이지 않음을 가르쳐 줍니다.

셋째, 초대교부들은 성경 속 사건을 이야기 할 때 현재시제를 많이 사용하였습니다. 성경에 기록된 과거의 사건을 자신들이 '현재 참여하고 있는 사건'으로 받아들였기 때문입니다. 성경은 독자와 함께 움직이며 성장한다고 이해했기 때문입니다. 이들에게 현재는 '이미'가 된 과거의 역사와 '아직'인 미래의 약속이 만나 하나가 되는 믿음의 공간으로 이해되었습니다.

넷째, 그렇기에 초대교부들은 신학적인 목회자이자, 목회적인 신학자였습니다. 성경연구와 교리와 삶을 분리하지 않았기 때문입니다. 그들이 행한 신학적 연구는 "성도를 온전케 하며 봉사의 일을 하게 하며 그리스도의 몸을 세우려"[엡 4:12] 함이 목적이었습니다.

다섯째, 초대교부 중에는 평생을 광야에서 수도승으로 살기 소원한 이들이 여럿 있었습니다. 이들은 다른 무엇이 아닌 예수 그리스도 안에 자신을 계시하신 하나님 자신만을 사모했기 때문입니다. 그러나 역설적이게도 이들 중 많은 이들이 하나 같이 교회와 사회의 요청으로 반강제적으로 주교의 자리에 오르게 됩니다. 하나님은 무엇을 이루려는 자보다는 하나님 안에 숨는 자를 들어 사용하시는 분임을 배웁니다.

여섯째, 초대교부들은 신화 속 무결점의 영웅들이 아닌 역사 속 시대의 아들이었습니다. 오리겐은 기독교를 헬레니즘 철학의 최고 완성으로 변증하려다 철학의 한계와 함께 제한되었습니다. 바실은 아리안주의에 맞서기 위해 친구 그레고리와 동생 그레고리를 전략적으로 주교에 임명하였습니다. 동생 그레고리가 아버지의 수도원으로 도망치자 그의 나약함을 몹시 꾸짖었습니다. 요한 크리소스톰은 주교가 되기 싫어 편지로 자신의 친구를 속여 대신 주교가 되게 만든 뒤 자신은 광야로 도망쳤습니다. 우리와 같은 사람이기에 그들로부터 배울 수 있습니다.

마지막으로 아이콘 속에 그려진 초대교부들은 대부분 말랐습니다. 혹은 가난 때문에 혹은 피난과 옥살이 때문에 혹은 그들의 일용할 양식은 금식이었기 때문일 것입니다. 그들의 눈에 비친 앞서 십자가를 지고 걸어가시는 예수님은 그렇게 마르셨나 봅니다.

이제부터 우리는 초대교부들의 글을 통해 그려진 예수님의 얼굴을 감상하려 합니다. 그러기 전에 이 책이 저와 독자들에게 던지는 근본적인 질문을 통해 그림을 감상하는 관점을 조율해 보려 합니다. "당신을 통해 이웃과 사회의 눈에 비치는 예수님은 어떤 모습입니까?" 그리고 "그 모습이 성경이 그리고 있는 예수님의 모습과 얼마나 닮았습니까?"

2012년 6월
필라델피아에서
엮은이 곽계일

THE FACE OF JESUS
목차

엮은이의 말　8

들어가며: 탄생과 죽음 그리고 삶
　　탄생과 죽음: 니사의 그레고리　20
　　성스러운 예배의식으로서의 삶: 클레멘트　23

제1장: 탄생·세례
　　새 창조를 일으키시려: 나지안주스의 그레고리　28
　　구원자가 씻겨짐으로: 막시무스　31
　　물과 성령으로 거듭난다는 것은: 바실　34
　　주의 영이 수면 위를 운행하시면서: 암브로시우스　37
　　그의 죽으심과 합하여: 시릴　40
　　그리스도와 함께 장사되어: 바실　43
　　팔 일째 되는 날에 맞는 탄생일: 어거스틴　46
　　내 사랑아 너는 어여쁘고 어여쁘다: 암브로시우스　49

제2장: 얼굴·형상
　　그가 이 땅으로 내려오시니: 나지안주스의 그레고리　54
　　구원의 창시자인 그리스도의 고난을 통하여: 아타나시우스　56
　　그리스도의 말씀으로 새기는 하나님의 형상: 콜럼바누스　59
　　그리스도인, 또 하나의 그리스도: 니사의 그레고리　63
　　성인들을 본받아: 어거스틴　66
　　우리가 경배하는 것은: 다마스커스의 요한　69
　　하나님과 그의 가까운 벗들에게: 다마스커스의 요한　71
　　나 일어나 내 아버지에게 돌아가리라: 베드로 크리솔로구스　73
　　이 시간 마주하는 하나님의 얼굴: 어거스틴　77

제3장: 양식·말씀과 성찬
　　태초부터 있는 생명의 말씀에 관하여: 어거스틴　82
　　영원히 마르지 않는 샘: 에프렘　86
　　독서와 사색으로부터 모든 영적 성장이: 이시도레　88

바퀴들도 이 생물들 곁에서 맞추어: 로마의 그레고리 91
구약성경 속 성경: 암브로시우스 95
주님의 선하심을 맛보아 알지어다: 콜럼바누스 98
곧 주 예수님이 잡히시던 밤에: 시릴 101
초대교회의 일요일 모임과 성찬식: 유스티누스 104
다음과 같이 성찬식을 행하라: 디다케 107
오, 이 좋은 성체! 오, 이 하나됨의 상징! 오, 이 사랑의 굴레!: 어거스틴 110

제4장: 결혼·공동체

곧 피와 물이 나오더라: 요한 크리소스톰 116
네게 말하는 그가 내라: 어거스틴 119
내가 비록 검으나 아름다우니: 오리겐 123
내 사랑하는 님을 깨우고 거듭 깨워다오: 암브로시우스 126
기도하며 고대해 왔던 광경: 유세비우스 129
이들은 모두 '하나'이기에: 터틀리안 131
그리스도인의 결혼은 얼마나 아름다운가!: 터틀리안 134
그리스도의 어머니가 된 특권으로: 어거스틴 136

제5장: 호흡·찬송과 선포

나와 함께 주님을 광대하시다 하며: 암브로시우스 142
성령님이 불어넣어 주시는 호흡으로: 바실 145
우리 이제 이 노래를: 어거스틴 148
우리가 부를 이 노래, 예수 그리스도: 이그나티우스 152
선포자의 뒤를 따르는 주님: 로마의 그레고리 154
교회의 선포는 온 세상을 비추어: 이레나이우스 157
당신의 말씀되신 자의 이름 부르기를: 어거스틴 159
이 믿음의 고백문을 여러분의 가슴에: 시릴 163

제6장: 호흡·기도

인간을 통해 일어나는 어떤 기적일지라도: 어거스틴 168
주님께 바라는 한 가지 일 그것을 구하리니: 어거스틴 170
새벽 동 터오는 곳을 향해: 클레멘트 173
하나님께 영으로 올려드리는 제사: 터툴리안 175

THE FACE OF JESUS

    여기에는 교만은 없고 다만 겸손이: 암브로시우스　179
    손을 내밀어 영혼을 내어놓고: 오리겐　182
    다 표현해도 모자란 사랑이어서: 요한 크리소스톰　185
    기도와 금식과 긍휼, 이 셋은 하나이기에: 베드로 크리솔로구스　188

제7장: 노동·섬김

    네가 온전하고자 할진대: 키프리안　194
    이것이야말로 인간이 누리는 영광: 이레나이우스　197
    하나님의 인자하심을 닮아: 나지안주스의 그레고리　200
    긍휼 넘치는 보살핌이 발견되는 그곳에서: 레오　203
    그리스도의 몸을 존귀히: 요한 크리소스톰　206
    네가 어찌하여 내 율례를 전하며: 로마의 그레고리　209
    다섯 갈래 회개의 길: 요한 크리소스톰　213
    너희는 세상의 소금이니: 요한 크리소스톰　216

제8장: 죽음·십자가

    농부들이 밀알을 땅에 심듯: 에프렘　222
    너희가 마실 수 있느냐?: 요한 크리소스톰　225
    이 사랑이라는 무기로, 이 사랑이라는 계단으로: 훌젠티우스　228
    그리스도의 사랑이 아니고서는: 요한 크리소스톰　231
    예수 그리스도를 얻을 수만 있다면: 이그나티우스　235
    눈과 입술과 가슴에 십자가 성호를: 니사의 그레고리　238
    주여, 당신은 저를 아십니다: 어거스틴　241
    완전한 하나됨의 신비: 힐러리　244
    주 예수 그리스도의 십자가만을: 암브로시우스　247

나오며: 부활과 새 창조

    이 날은 여호와께서 정하신 것이라: 니사의 그레고리　252
    할렐루야, 주님을 찬양하라!: 어거스틴　255

교부 목록　259
참고 문헌　293

들어가며,
탄생과 죽음 그리고 삶

"진실로 신령한 사람에게 있어 평생의 삶은 끊이지
않고 길게 이어지는 하나의 성스러운 예배의식
입니다."

[그림 1] 예수님의 탄생을 템페라화(안료에 달걀노른자와 물을 섞어 그린 그림)로 그린 Kaballa Sy. Elville의 작품(1956). 분명한 좌·우대칭의 구도는 단순한 선 처리와 원색 안료와 힘을 합쳐 태양으로 부터 지붕을 타고 떨어지는 감상자의 시선을 풀 더미에 누운 아기 예수에게로 묶어둔다. 아기 예수를 향해 팔과 온 몸을 뻗어 경배하는 것은 비단 살아 움직이는 사람과 천사와 동물만은 아니다. 나무와 풀만도 아니다. 하늘의 공기도 땅의 흙들도 왕의 탄생을 목격하면서 떨며 진동하고 있다. 온 세계를 충만히 채우고도 넘치는 생명의 기운 때문에 누구도, 심지어 그의 육신의 부모조차도 왕을 만지지는 못한다. 그러나 이 생명의 왕은 살아 움직이는 것 중에 가장 작은 모습으로 그려져 있다.

:: 탄생과 죽음

니사의 그레고리
(Gregory of Nyssa, 주후 335~394)

　날 때가 있고 죽을 때가 있습니다.[전 3:2] 탄생과 죽음, 이 둘 사이를 이어주는 끈이 있음을 전도서 본문은 분명하게 드러내고 있습니다. 탄생의 뒤를 예외없이 죽음이 뒤따르고 있습니다. 그렇기에 모든 사람의 삶은 요람에서 시작하여 끝내 무덤에 이릅니다.

　날 때가 있고 죽을 때가 있습니다. "하나님께서 저의 때를 정하사 태어났으니 또한 죽을 때가 반드시 있으리라!" 그 누구도 전도서의 화자話者가 우리 몸의 탄생과 죽음에 대해 우리 힘으로 조절 가능한 사건으로 다루고 있다고 생각지 않을 것입니다. 그 어떤 여자가 출산하겠다 마음 먹는다 하여 출산하겠습니까? 또한 그 누구도 스스로 내린 선택의 결과로 죽음을 맞이하지 않습니다. 분명코 우리의 손을 벗어난 일에는 인간의 고결한 마음이나 저속한 마음이나 어느 쪽도 아무런 영향을 미치지 못합니다. 그렇다면 날 때가 있고 죽을 때가 있다는 말은 대체 무슨 뜻이란 말입니까?

제 견해로는 『전도서』에서 뜻하는 '생명의 탄생'은 선지자 이사야가 제안하듯이 우리의 '구원'을 의미하는 것으로 이해됩니다. 구원은 하나님에 대한 두려움으로 잉태되어, 영혼이 겪어야 할 엄청난 해산의 고통과 함께 죽은 모습이 아니라 살아 숨쉬는 모습으로 대낮의 밝은 빛 가운데 드러납니다. 이런 점에서 우리 자신은 스스로에게 부모가 되어, 하나님 보시기에 선한 것을 취함으로 우리 자신의 구원을 잉태하여 낳는다 하겠습니다. 하나님을 우리 안에 맞아들일 때 비로서 선한 것을 선택하는 것이 우리에게 가능해지고, 그렇게 해서 지극히 높은 곳에 계신 하나님의 자녀가 되었습니다. 하지만 바울 사도가 말한 '그리스도의 형상'을 우리 안에 이루어가지 않는다면 이는 생명을 유산시키고마는 것입니다.[갈 4:19] 하나님의 사람은 반드시 성장해야 합니다.

하나님의 때가 차서 이르는 탄생의 의미가 이러하다면, 죽음의 의미 또한 분명해집니다. 바울 사도가 자신의 편지에서 선언하고 계시듯, 그분에게는 매 순간이 죽음을 대면하는 시간이었습니다. "형제들아 내가 그리스도 예수 우리 주 안에서 가진 바 너희에 대한 나의 자랑을 두고 단언하노니 나는 날마다 죽노라."[고전 15:31] 다른 편지에서는 이렇게 말씀하고 계십니다 "우리가 종일 주를 위하여 죽임을 당하게 되며 도살 당할 양 같이 여김을 받았나이다."[롬 8:36; 시 44:22 인용]

바울 사도가 어떻게 날마다 죽으셨는가는 너무나 잘 알려져 있습니다. 그는 죄의 본성에 자신의 몸을 내어버려 두지 않고 계속해서 고삐를 당겼습니다. 그분은 어디를 가든지 항상 죽음, 즉 그리스도의 죽음을 몸에 지니고 다녔습니다. 순간마다 그리스도와 함께 십자가에 못 박혔던 것입니다. 그러니 그가 자신의 삶을 살아낸 것이 아니었고, 그리스도께서 그의 안에 사셨습니다.[갈 2:20] 이 죽음이야 말로 하나님의 정하신 때에 이르는 죽음으로, 참된 생명에 이르는 그런 죽음입니다.

죽음을 주시는 이도 자신이며, 생명을 주시는 이도 자신이라는 말씀 속에 하나님은 죄에 대한 죽음도 그리고 성령 안에서의 생명도 그가 주시는 선물임을 우리에게 가르쳐 주십니다. 그리고 무엇이든 죽음에 이른 것은 다시 생명으로 회복시킬 것이라 약속하십니다.

* PG 44:702~703; RDO: 105~106

:: 성스러운 예배의식으로서의 삶

클레멘트
(Clement of Alexandria, 주후 150~215)

우리는 우리의 믿는 바 말씀이시오, 구원자시오, 인도자 되시는 그분을 경배하고 찬미하도록 부름 받았고 또한 그로 말미암아 하나님 아버지께 찬미를 돌리도록 부름 받았습니다. 어떤 이들처럼 특별한 날에만 그렇게 할 것이 아니라, 우리의 전 생애에 걸쳐서 모든 삶의 영역에서 그렇게 해야 할 것입니다.

그렇기에 진실로 신령한 사람은 어떤 특정 장소나 성지聖地, 절기, 아니면 특정한 날을 가리지 않습니다. 전 생애 동안 있는 곳에서 홀로 거하든지 같은 믿음을 고백하는 공동체 속에 거하든지 하나님께 찬미를 올려 드리는 사람입니다. 즉 삶의 지혜를 깨닫게 해 주심에 감사를 올려 드리는 사람입니다.

진실로 신령한 사람들의 선한 존재는 그들의 삶을 감싸고 있는 하나님을 향한 경외와 경배로 인해 언제나 주위 사람들에게 선한 영향력을 미칩니다. 그렇다면 지혜와 삶과 감사로 하나님과 끊임없는 교제를 나누는 당사자 자신에게는 언행과 성품 등 모든 면에 있어 어떠한 성장이 날마다 이루어지겠습니까!

하나님이 삶의 매 순간 자리마다 함께 하여 주신다는 확신 속에 평생을 축제로 즐기는 우리는 찬송의 밭을 일구는 농부입니다. 찬송의 소리를 따라 바다를 항해하는 항해사입니다. 그리고 하늘나라의 시민입니다.

진실로 신령한 사람은 하나님과 친밀하게 연합한 사람으로 어떤 경우에는 침중沈重하나 다른 경우에는 어린아이 같은 사람입니다. 하나님 면전에서는 침중하나, 하나님이 인생에 베푸시는 축복들을 헤아려 볼 때는 천진난만해지는 것입니다. 이런 사람은 음식과 음료와 향수와 같은 인생의 크나큰 기쁨을 누릴 때면 언제나 하나님을 바라며 찾습니다. 모든 것을 주신 분에게 첫 열매를 올려 드립니다. 그 자신이 선물이요 성유聖油시오 또한 말씀이신 분의 중재하심으로 하나님께 감사를 올려 드립니다.

진실로 신령한 사람은 그들의 평생에 기도합니다. 그들에게 있어 기도란 하나님과의 연합을 추구할 기회이기 때문입니다. 이들은 육신의 안락은 일절 거부합니다. 사랑의 행위들로 이루어진 완전함의 상태에 이미 이르렀기 때문입니다. 진실로 신령한 사람에게 있어 평생의 삶은 끊이지 않고 길다랗게 이어지는 하나의 성스러운 예배의식입니다.

* PG 9:450~451; RDO:381

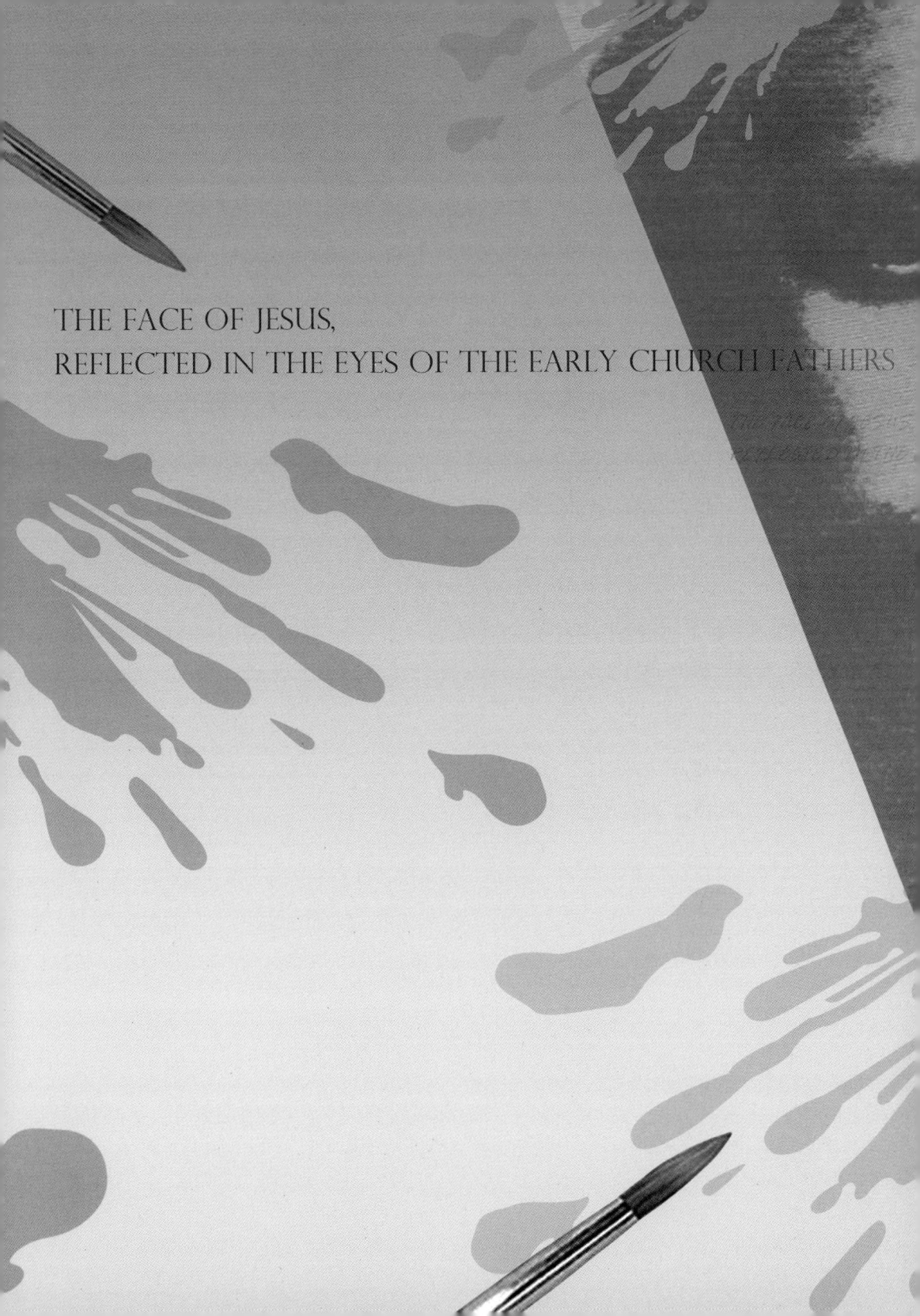

THE FACE OF JESUS,
REFLECTED IN THE EYES OF THE EARLY CHURCH FATHERS

제1장
탄생·세례

"그리스도께서 빛 속으로 잠기십니다. 우리도 빛 속으로 잠기어 듭시다.
그리스도께서 세례 받으십니다. 우리도 그와 함께 눕고 그와 함께 일어섭시다."

[그림 2] 예수님이 요단강에서 세례 요한의 손으로 세례받으시는 장면을 담아낸 모자이크. 5세기 말, 이탈리아 라벤나에 세례식을 위해 세운 팔각형 벽돌 건물 천장에 설치된 작품이다. 팔각형은 칠일로 이루어진 일주일에다 부활과 영원한 삶을 상징하는 칠일 너머의 여덟번째 하루를 상징하고, 이 상징성은 세례식을 위해 세워진 대부분의 건물에 보편적인 초대 기독교 건축양식으로 적용되었다. 이것은 세례식을 영원한 안식으로 들어가는 문으로 이해한 것이다. 이미 팔일의 안식에 들어간 열두 명의 흰옷 입은 사도들이 지켜보는데 물에 몸을 담그고 세례 받는 예수님의 모습은 삼십 대의 청년으로는 볼 수 없는 소년이다. 이것은 세례식을 영원한 안식으로 들어가는 탄생으로 이해한 것이다.

:: 새 창조를 일으키시려

나지안주스의 그레고리
(Gregory of Nazianzus, 주후 329~390)

그리스도께서 빛 속으로 잠깁니다. 우리도 빛 속으로 잠기어 듭시다. 그리스도께서 세례 받으십니다. 우리도 그와 함께 눕고 그와 함께 일어섭시다.

예수님이 요한을 찾아오실 때, 그는 요단강에서 세례를 주고 있습니다. 아마 예수님은 그에게 세례 베풀 자를 성결케 하러 오는 길이셨을 것입니다. 죄악된 인류를 물 속에 장사葬事 지내려 오시는 길이 분명합니다. 예수님이 우리 때문에 그리고 우리를 위해 준비해 두시려고 요단강 물을 성결케 하러 오는 길입니다. 하나님이시자 또한 인간인 그가 성령과 물을 통해 새 창조를 일으키러 오신 것입니다.

예수님이 요한에게 세례를 받고자 합니다. 세례 요한은 말립니다. 예수님은 고집합니다. 그러자 요한이 말합니다. "도리어 제가 예수님께 세례를 받아야 마땅하지 않겠습니까!"

요한은 태양 앞에 빛을 밝힌 등불이요, 신랑 앞에 선 친구요, 모든 첫 번째 난 것들 중에서 여자에게서 난 사람 중 가장 위대한 자요, 자신이 흠모하는 이가 그 어미의 뱃속에 있는 것을 보고 제 어미의 뱃속에서부터 기뻐 뛰던 자요, 이미 오신 자의 길을 예비했던 자요 또한 앞으로 다시 오실 자의 길을 예비할 자입니다. 세례 요한이 말한 "예수님께 행해질 세례"에 덧붙여 우리는 "제가 예수님으로부터 그리고 예수님께 행해질 세례를 받아야 마땅하지 않겠습니까!"라고 말해야 합니다. 요한과 마찬가지로 우리는 물로 그 발만 씻기는 것이 아니라, 예수님의 피로 모두 깨끗케 되었던 베드로와 같이 그의 피 세례를 받아야 하기 때문입니다.

예수님이 물 위로 걸어 올라 오십니다. 세상도 그와 함께 걸어 올라 옵니다. 아담에 의해서 그 자신과 후손들에게 화염검으로 굳게 닫힌 에덴동산과 같은 하늘이 다시 찢겨져 열립니다. 성령님이 예수님이 자신과 같은 하나님임을 증거하고자 내려오십니다. 한 목소리가 예수님이 내려오셨던 하늘로부터 내려와 그의 하나님 되심을 증거합니다. 성령님이 오래전 노아 시대에 일어난 대홍수의 끝을 알렸던 비둘기의 모양을 하고 내려와서 하나님과 하나인 예수님을 영화롭게 높여 줍니다.

그리스도께서 세례받으신 오늘, 이 날을 영화롭게 드높이고 이 축제를 거룩함 가운데 즐기도록 합시다. 완전하게 깨끗함을 받고 또 계속해서 깨끗함을 받읍시다. 죄인이 돌이켜 구원을 받는 것 보다 더 하나님을 기쁘시게 하는 것이 어디 있겠습니까! 모든 하나님의 말씀과 계시가 이를 위한 것이 아니겠습니까! 오늘 이후로 하나님은 당신이 온 인류를 위해 살아 움직이는 힘이 되기를 바라십니다. 세상을 비추는 빛이 되기를 바라십니다. 찬란한 빛 되신 그리스도의 곁에 서신 여러분은 하늘의 빛이신 예수님의 영광의 빛 속에 잠기어 빛나야 합니다. 오늘 여러분은 예수 그리스도 우리 주님 안에 계신 한 하나님으로부터 발해져 나온 (비록 전부는 아닐지라도) 한 줄기 섬광을 받았는데, 삼위 하나님이 충만히 뿜으시는 순결하고 찬란한 빛을 날마다 더욱 사모해야 합니다. 예수 그리스도 우리 주님께 영광과 권세가 영원히! 영원히!

* PG 36:350~314, 354; RDO:47~48

:: 구원자가 씻겨지심으로

막시무스
(Maximus of Turin, 주후 380~465)0

복음서에 따르면, 주님은 세례를 통해 하늘로부터 내리는 '하나님의 아들'이라는 공표公表를 받기 위해 요단강으로 가셨다고 전하고 있습니다.

주님의 세례기념일혹은 공현 대축일은 성탄절 바로 다음에 맞는 절기행사입니다. 실제 두 사건 사이에는 여러 날짜 차이가 존재하지만, 계절상으로는 두 사건 모두 겨울에 일어났습니다(개인적으로는 주님의 세례기념일을 성탄절이라 불러도 무방하다고 생각합니다).

첫 성탄절 때 주님이 인간으로 태어나셨다면, 오늘은 세례식을 통해 하나님의 아들로 태어나십니다. 그때 처녀의 몸에서 태어나셨다면, 지금은 신비 속에 태어나십니다. 그때 어머니 마리아가 인간으로 태어난 예수님을 그 가슴에 꼬옥 품었다면, 지금 하나님 아버지께서는 신비 속에 태어난 예수를 그 음성으로 꼭 품어주십니다.

"이는 내 사랑하는 아들이요 내 기뻐하는 자니 너희는 그의 말을 들으라."[마 17:5]

어머니 마리아가 보들보들한 아기 예수님을 그 무릎 위에 뉘여 얼렀다면, 하나님 아버지는 사랑의 목소리로 외치는 공표를 통해 아들을 세워 주십니다. 어머니가 아기를 동방박사들 앞에서 안고 세워서 경배하게 하였다면, 하나님 아버지는 예수님을 자신의 아들이라 널리 알리심으로 모든 열방의 나라들로 경배하게 하십니다.

그렇게 주 예수님은 세례받으시고자 요단강으로 가셨습니다. 요단 강에 그의 거룩한 몸을 씻기 원하셨습니다.

거룩한 사람이 무슨 이유로 깨끗이 씻기우기 원하는지에 대해 궁금해 할 사람이 있을 것입니다. 궁금증을 풀어줄 해답은 이러합니다. 그리스도께서는 물로 씻어 자신을 거룩히 하려 하신 것이 아니라, 그 몸을 담금으로 요단강 물을 깨끗케 하고 정화시키려 하신 것입니다. 그리스도를 구별하여 세우기 위해서 그 요단강의 물은 보다 구별되어 깨끗해져야 하기 때문입니다.

구원자가 씻겨짐으로 우리의 몸을 씻기는 모든 물이 깨끗하여지고, 장차 세례의 은혜를 경험할 다음 세대들을 위해 그 물의 근원까지 정화되었습니다. 그리스도께서 앞서 처음으로 세례 받으심으로 그리스도인들은 그의 뒤를 따라 확실함 가운데 세례받는 것입니다.

저는 세례의 신비를 다음과 같이 이해하고 있습니다. 갈라진 홍해를 불기둥이 앞서 건너자, 비로소 이스라엘 자손은 그 뒤를 따라 용기를 내어 발걸음을 내디딜 수 있었습니다. 불기둥이 바다 사이를 가로질러 가면서 그 뒤를 따를 자들을 위한 길을 열어 놓았습니다. 사도 바울도 이야기 했듯이, 홍해를 건너는 이스라엘 백성이 경험한 것은 결국 세례의 신비였습니다.[고전 10:1~2] 구름기둥이 이스라엘 백성 위에 운행하며 그들을 인도하여 바닷물을 건너게 한 사건은 세례식으로 이해될 만합니다.

  이 모든 일을 주 예수 그리스도께서 행하셨습니다. 그는 불기둥 속에 거하시며 이스라엘 자녀들에 앞서 걸으셨습니다. 그런 예수님이 지금은 백성들에 앞서 직접 몸으로 강물 속으로 들어가십니다. 이집트를 빠져나온 이스라엘 백성의 발걸음을 인도하기 위한 빛을 비추셨다면, 지금은 그를 믿는 자들의 가슴에 빛을 비추십니다. 그 빛으로 홍해를 가로지르는 안전한 길을 내었다면, 지금은 그 빛으로 세례를 통해 구원의 길을 열어주셨고, 그 길을 따라 걷는 성도의 믿음의 걸음 걸음마다 힘을 실어주고 있습니다.

  * CCL 23:398~400; MLB 7~8

:: 물과 성령으로 거듭난다는 것은

바실
(Basil of Caesarea, 주후 330~379)

　주님은 우리에게 영원한 생명을 주시기 위해 세례의식을 통해 우리와 언약을 맺으셨습니다. 세례의식 속에서는 죽음과 생명의 의미가 모두 담겨 있습니다. 물은 죽음의 상징인 반면, 성령은 생명을 주시겠다는 약속에 대한 담보입니다. 물과 성령이 함께 어우러져 세례의식의 목적이 두 가지임을 가르쳐 줍니다. 즉 죄가 다시는 우리 안에서 죽음을 출산하지 못하도록 으스러뜨리는 것이 첫 번째 된 목적이고, 우리로 성령님의 인도함을 따라 살면서 거룩함의 열매를 맺도록 하려는 것이 두 번째 된 목적입니다.
　마치 무덤 속으로 들어가듯 우리의 몸이 물 속으로 들어가는 의식은 죽음을 상징합니다. 그리고 성령께서 태초의 인간에게 주셨던 생명의 호흡을 우리 몸에 불어넣어 주셔서 죄 속에 죽은 우리의 영을 일깨워 주십니다. 물과 성령으로 거듭난다는 것은 바로 이런 의미인 것입니다. 물 속에 잠겨 죽고, 성령을 통하여 물 밖의 새 생명을 향해 나오는 것입니다.

세례 받는 자의 몸에 죄에 대한 죽음을 선언하고 하나님을 아는 지식을 심어 그 영혼을 일깨우는 것이 이 위대한 의식의 목적입니다. 그래서 성부·성자·성령 하나님의 이름을 각각 부르며 그 이름에 맞춰 세례 받는 자의 전신을 세 번 물 속에 잠그는 절차가 진행됩니다. 물속에 잠기어 있는 동안에 어떤 감격을 경험하든지 간에 그것의 뿌리는 육체적 경험이 아니라 우리에게 찾아오시는 성령님입니다. 세례의식은 육체를 깨끗케 하는 의식이 아니라, 양심의 깨끗해짐을 받아 그로부터 우러나오는 굳은 약속을 하나님께 드리는 의식인 것입니다.

복음서에서 우리의 주님이 부활 이후의 삶을 준비하기 위해 현재 있는 곳에서 어떻게 살아가야 하는지에 대해 일러 주셨습니다. 지난한 고난 속에서도 평강하며, 쾌락에 대한 정욕으로 스스로를 더럽히지 않으며, 세상의 부귀로부터 자유하라고 가르치셨습니다. 우리가 지닌 자유를 이 가르침을 따라 사는 데 사용함으로, 부활 이후 맞이할 세상에 맞는 삶을 지금부터 자연스럽게 몸에 익혀나갈 수 있을 것입니다.

성령님으로 말미암아 우리는 에덴으로 돌아가게 되었고, 하나님 나라로 올라가게 되었으며, 하나님의 양자 된 신분을 회복하게 되었습니다. 하나님을 아버지로 부를 수 있는 자녀 된 권리를 우리에게 주신 성령님께 감사드립시다. 그리스도의 은혜에 동참하게 하시는 성령님께 감사드립시다. 빛의 자녀라 칭함받게 하신 성령님께 감사드립시다. 소멸하지 않는 영원한 영광 속에 참여하게 하시는 성령님께 감사드립시다. 성령님으로 말미암아 지나는 이 세상과 다가오는 저 세상에서 주시는 모든 하나님의 축복이 우리에게 부어졌습니다. 우리의 믿음은 현재 받아 누리는 것들도 이미 좋은 것들이지만 그럼에도 마치 거울에 맺힌 상^{象}에 불과하니 언젠가 완전하게 받아 누리게 될 실체에 대해 마음껏 상상해 보라고 말해 줍니다. 현재 누리고 있는 축복들조차 실체의 그림자라면, 완전한 성취는 도대체 얼마나 좋은 것들이란 말입니까? 현재 누리고 있는 축복들이 이제 막 열린 첫 곡식에 지나지 않는다면, 완연한 추수 때에 거둬들일 곡식은 과연 어느 정도란 말입니까?

* SC 17:364~370; RDO:208~209

:: 주의 영이 수면 위를 운행하시면서

암브로시우스
(Ambrosious of Milan, 주후 337~397)

　창세기에 등장하는 아브라함과 이삭과 야곱과 요셉의 이야기나 잠언의 격언을 읽으면서 우리는 세례식에 참여하기 전 바른 몸과 마음가짐에 대한 그날그날의 가르침을 받았습니다. 이런 독서를 통해 가르침을 받고 자신을 훈련함으로써 우리 믿음의 선조들이 살아간 삶의 방식을 우리 몸에 익히고, 또 그들이 걸었던 발자취를 따라 하나님의 뜻에 순종하는 길로 들어서는 것입니다.
　세례식이 갖는 의미에 대해 말하기에 앞서 그 신비에 대해 먼저 말하는 것이 마땅합니다. 세례 과정에 참여하지도 않은 자들에게 세례의 신비에 대해 가르쳐도 무방하다고 생각하는 사람이 있다면, 그는 배교자이지 결코 선생이라 할 수 없습니다. 사전 교육을 받아서 어떤 선입견을 가지고 신비의 빛을 받는 사람보다 아무 선입견 없는 상태에서 빛을 받는 사람이 더 큰 경험을 하는 법입니다.

❦

 이 세례의 신비는 아주 오래전에, 이 세상이 처음으로 창조되던 현장에서부터 발견됩니다. 태초에 하나님이 하늘과 땅을 지으실 때, "하나님의 영[히브리어로 '루하']은 수면 위에 운행하시니라."[창 1:2] 주의 영이 수면 위를 운행하시면서 살아 역사하시지 않으셨을까요? 한 선지자가 "여호와의 말씀으로 하늘이 지음이 되었으며 그 만상을 그의 입 기운으로 이루었도다"[시 33:6] 하고 부르는 노래 소리에 우리는 성령님이 이 세상을 창조하실 때 살아 역사하셨음을 깨닫게 됩니다. 하나님의 영이 수면 위를 운행했다는 사실과 또 살아 역사하셨다는 사실 모두 선지자들의 증언에 근거하고 있습니다. 선지자 모세는 창세기에서 하나님의 영이 수면 위를 운행했노라고 증거하고 있고, 한편 선지자 다윗은 시편에서 그 영이 살아 역사하셨다고 증거하고 있습니다.

❦

 사도 바울은 "우리 조상들이 다 구름 아래에 있고 바다 가운데로 지나며 모세에게 속하여 다 구름과 바다에서 세례를 받았다"[고전 10:1~2] 일러줍니다. 더 나아가 모세는 "주께서 바람[히브리어로 '루하']을 일으키시매 바다가 그들을 덮으니 그들이 거센 물에 납 같이 잠겼나이다"[출 15:10] 하고 찬송을 불렀습니다. 이스라엘 백성이 홍해를 건넌 사건은 바로 거룩한 세례의식을 상징하는 사건이었음을 주목하십시오. 이집트 군대는 수장되었으나, 이스라엘 백성은 빠져 나왔습니다. 우리의 죄악이 물에 잠기고 우리의 흠이 멸해지는 동시에 선함과 순전함이 무사히 살아난 사람들을 향해 눈 감아 주었다는 이 메시지보다 세례의식이 우리에게 주는 오늘의 가르침으로 받기에 더 적합한 메세지가 어디 있겠습니까?

* SC 25 bis:156~164; RDO:367~370

:: 그의 죽으심과 합하여

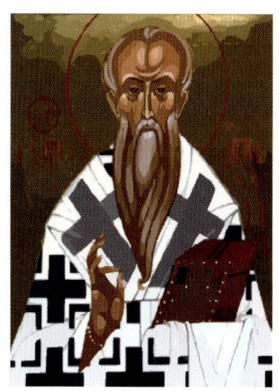

시릴
(Cyril of Jerusalem, 주후 313~386)

 마치 그리스도께서 여러분이 지켜보는 가운데 십자가에서 끌어내려진 뒤 무덤에 누이시는 듯, 세례받는 여러분은 세례용 물을 담기 위해 돌로 만든 커다란 욕조 아래 엎드렸습니다. 그리고 한 사람, 한 사람에게 질문을 던집니다.
 "당신은 성부와 성자와 성령의 이름을 믿습니까?"
 구원을 가져다 주는 믿음의 고백과 함께 여러분은 물 속으로 내던져졌습니다. 그리고 세 번 반복해서 일어섰습니다. 이 세 번의 횟수는 그리스도께서 무덤에 누워 계셨던 삼일을 상징합니다.
 우리의 구원자께서 삼일 밤과 낮을 땅 아래 깊은 곳에서 지내셨듯이, 여러분이 물 속에서 첫 번째로 일어선 것은 첫째 날을 그리고 첫 번째 물 속으로 잠긴 것은 첫째 날 밤을 상징합니다. 밤에는 아무것도 볼 수 없습니다. 그러나 낮에는 밝은 빛 속을 걷습니다. 마찬가지로 여러분이 물 속에 잠겼을 때는 마치 밤과 같이 아무것도 볼 수 없었습니다. 그러나 여러분이 다시 일어났을 때는 밝은 대낮의 빛 가운데로 나왔습니다. 같은 방식으로 여러분은 죽었고 다시 태어났습니다. 구원을 가져다 주는 이 물은 여러분의 무덤이자 동시에 모태입니다.

솔로몬 왕이 『전도서』에서 읊은 시구가 세례의식에 잘 어울립니다. 그는 "날 때가 있고 죽을 때가 있다" 읊었습니다.[전 3:2] 그런데 세례받은 여러분의 경우에는 순서를 바꾸어서 읊어야 합니다. "죽을 때가 있고 날 때가 있다." 사실 이 두 사건은 동시에 일어나기에, 엄밀히 말해서 여러분이 죽은 그 순간에 바로 탄생도 일어났습니다.

이런 놀라운 일을 또 어디에서 들어볼 수 있을런지요! 실제로 죽고, 묻히고, 다시 살아난 것은 우리 자신이 아닙니다. 우리는 다른 누군가에게 실제로 일어난 사건으로 인해 구원받았고, 이 사건을 그저 상징적으로 재현한 것뿐입니다. 십자가에 달리시고, 무덤에 묻히고 그리고 다시 살아나신 이는 바로 그리스도이십니다. 그리고 그에게 일어난 사건이 우리의 사건이 되었습니다. 우리는 그의 고난에 그저 상징적으로 동참할 뿐이지만, 구원은 실제적으로 얻습니다. 이 얼마나 감당할 수 없는 사랑인가요! 죄가 전혀 묻지 않은 깨끗한 그리스도의 손에 못이 박히고, 그 고통으로 그는 신음해야 했습니다. 우리 자신은 어떤 고통도 괴로움도 겪지 않으나, 이렇게 자신의 고난에 동참했다면서 그리스도께서는 아무 조건없는 구원을 베풀어 주십니다.

그렇기에 세례의식을 통해 주시는 하나님의 은혜가 죄 용서와 양자로 삼아 주시는 것 뿐이라고 생각하는 것은 있을 수 없는 일입니다. 우리가 거쳐가는 세례는 죄 용서만을 베푸는 세례 요한의 세례와는 다릅니다. 잘 알다시피 우리가 받는 세례는 죄 씻음과 성령의 선물을 받는 것에서 더 나아가, 그리스도께서 겪으신 고난에 대한 상징입니다. 그렇기에 사도 바울은 이렇게 외쳤습니다.

"무릇 그리스도 예수와 합하여 세례를 받은 우리는 그의 죽으심과 합하여 세례를 받은 줄 알지 못하느냐 그러므로 우리가 그의 죽으심과 합하여 세례를 받음으로 그와 함께 장사되었나니…"[롬 6: 3~4]

* PG 33:1087~1091; RDO:179~180

:: 그리스도와 함께 장사되어

바실
(Basil of Caesarea, 주후 330~379)

　인간의 불순종이 하나님과의 사이를 갈라 놓았을 때, 우리의 구원자 되신 하나님은 타락에서 우리를 다시 일으키시고 또 우리와의 친밀한 연합을 다시 회복시킬 계획을 세우셨습니다. 이 계획을 따라 그리스도께서 육신을 입고 오셔서 우리에게 이 복음에 합당한 삶을 보이셨고, 고난 당하시고, 십자가에 달리시고, 무덤에 묻혔다가 다시 살아 나셨습니다. 그가 우리 앞서 이렇게 행하심은 우리로 그를 본받아 구원 받고, 입양을 통해 하나님의 아들로서의 원래의 신분을 회복하기 위함이었습니다.

　그렇다면 하나님 자녀의 거룩함에 이르기 위해서 그리스도의 온유하시고, 자신을 낮추고, 참아 인내하는 모습만 우리 삶에서 답습할 것이 아니라, 그의 죽으심까지도 답습해야 할 것입니다. 그리스도를 자신이 닮아갈 본보기로 삼은 바울 사도는 그의 죽으심을 본받아 어떻게 해서든지 죽은 자 가운데서 부활에 이르기를 소망한다고 말하였습니다.[빌 3:10~11]

우리는 세례의식을 통해 그리스도와 함께 장사되어 그의 죽음을 답습합니다. 누군가 이런 세례장사가 무슨 의미가 있는지 또 이를 통해 우리가 기대하는 바가 무엇인지 묻는다면 이렇게 답하렵니다. 첫째로 이 장사는 우리의 옛 삶의 방식과의 완전한 단절을 의미합니다. 그래서 우리 주님은 사람이 거듭나지 않으면 이런 일이 생길 수 없다고 직접 말씀하셨습니다.[요 3:3~5 참조]

달리 말하자면 우리는 새로운 삶을 살아야 하는데, 옛 삶에 종지부를 찍기 전에는 그런 일은 일어날 수 없다는 뜻입니다. 마라톤 선수들이 경주에서 반환점을 돌아 왔던 길을 거슬러 달려가기 위해서는 반환점에서 잠간이나마 멈추는 순간이 필요합니다. 마찬가지로 지금까지와는 정반대의 삶을 살아가기 위해서는 지난 삶의 끝인 동시에 새로운 삶의 출발점에서 멈춤의 순간, 즉 죽음의 순간이 필요합니다.

세례의식을 통해 그리스도와 함께 장사될 때 우리는 지옥까지 내려갑니다. 세례받는 사람들의 몸이 물 속으로 잠겨 장사되는 것은 그들의 거듭나지 못한 죄의 본성과 단절되었다는 상징입니다. 그런 뜻에서 바울 사도는 이렇게 말하셨습니다.

"또 그 안에서 너희가 손으로 하지 아니한 할례를 받았으니 곧 육의 몸, 즉 죄의 본성을 벗는 것이요 그리스도의 할례니라 너희가 세례로 그리스도와 함께

장사되고…."[골 2:11~12]

세례는 세상의 사조에 물들어 때 묻은 우리의 영혼을 씻겨 주기에 시편기자는 이렇게 노래했습니다.

"나의 죄를 씻어 주소서 내가 눈보다 희리이다."[시 51:7]

그리스도께서 세상의 구원을 위해서 단 한 번 죽으시고 또 단 한 번 부활하셨기에, 이 구원을 상징하는 세례의식 또한 개인의 일생에서 단 한 번 이루어집니다.

* PG 32: 127~130; RDO:169~170

:: 팔 일째 되는 날에 맞는 탄생일

어거스틴
(Augustine of Hippo, 주후 354~430)

오늘 세례의식을 통해서 다시 갓 태어난, 그리스도 안에서 내 자녀된 자들에게 전합니다. 여러분은 교회의 새로운 자녀이며, 하늘 아버지의 선물이며, 어머니 교회의 풍만함의 상징입니다. 주님 안에서 굳건히 서 있는 여러분은 거룩한 씨앗이며, 새롭게 지어진 벌집이며, 우리 사역의 꽃이자 모든 인고忍苦의 열매입니다. 저의 기쁨이요, 저의 면류관입니다. 바울 사도의 권고로 여러분을 권합니다. 오직 주 예수 그리스도로 옷 입고 정욕을 위하여 육신의 일을 도모하지 마십시오.[롬 13:14] 그런즉 이 세례의식을 통해 입게 된 그리스도의 삶으로 여러분의 삶 위에 옷 입히십시오. 누구든지 그리스도와 합하기 위하여 세례를 받은 자는 그리스도로 옷 입었습니다. 여러분은 유대인이나

비유대인이나 종이나 자유인이나 남자나 여자나 다 그리스도 예수 안에서 하나입니다.[갈 3:27~28]

세례의식이 일으키는 역사에 대해 말하자면 이렇습니다. 이 의식은 과거의 모든 죄가 사해진 지금 이 자리에서 시작되어 죽은 자들이 부활할 때 완성에 이르는 새로운 삶을 위한 성례입니다. 여러분은 세례를 통해 그리스도와 함께 장사되어 죽었으니, 그가 죽은 자들 가운데 다시 살아나셨듯이 여러분 또한 삶의 새로운 여정을 걷게 될 것입니다.

아직 여러분은 유한한 육체 속에 갇힌 채 주님과 떨어져 있기에, 지금은 믿음으로 순례의 길을 걷고 있는 중입니다. 여러분의 발걸음이 향하는 목적지 되신 그분이 또한 여러분을 틀림없이 인도하는 확실한 길이 되십니다. 예수 그리스도께서 우리를 위해 인간이 되셨습니다. 그를 경외하는 모든 이들을 위해 부요한 복을 준비해 두셨는데, 이 복은 예수님께 소망을 두는 이들 모두에게 드러내신 복이며, 우리가 현재에 소망 가운데 바라며 누리는 것을 앞으로 손에 넣을 때 비로소 완전함에 다다를 그런 복입니다.

오늘은 부활 주일로부터 팔 일째 되는 첫 주일에 맞는 여러분의 새로운 탄생일입니다. 구약시대에 세상에 태어난지 팔 일째 만에 신생아의 몸에 행했던 할례 의식이 예시하고자 한 것이 오늘 여러분의 몸에 성취되었습니다. 주님은 무덤에서 일어나시면서 유한한 육체의 껍질을 벗으셨습니다. 부활한 그의 육체는 이전과 같은 육체였으나, 죽음에 이르는 이전의 육체와는 달랐습니다. 부활하신 날인 일요일, 주님의 날을 성스럽게 만드셨습니다. 십자가의 고난을 겪으신 후로는 사흘이지만, 바로 전 유대인의 안식일토요일로부터는 팔일 만에, 즉 칠 일째 되는 안식후 첫 날에 부활하셨습니다.

그렇기에 부활에 대한 여러분의 소망은 아직 채 이루어지지 않았다 해도 확실하고 분명히 이루어질 것입니다. 왜냐하면 이 부활의 증거인 세례를 받았기 때문이며, 세례를 통해 성령을 보증으로 받았기 때문입니다.

"그러므로 너희가 그리스도와 함께 다시 살리심을 받았으면 위의 것을 찾으라 거기는 그리스도께서 하나님 우편에 앉아 계시느니라 위의 것을 생각하고 땅의 것을 생각하지 말라 이는 너희가 죽었고 너희 생명이 그리스도와 함께 하나님 안에 감추어졌음이라 우리 생명이신 그리스도께서 나타나실 그 때에 너희도 그와 함께 영광 중에 나타나리라."[골 3:1~4]

* PL 46:838~841; RDO:183~184

:: 내 사랑아 너는 어여쁘고 어여쁘다

암브로시우스
(Ambrosious of Milan, 주후 337~397)

세례식을 마친 여러분은 사제 앞에 갔습니다. 그리고 나서 무슨 일이 벌어졌는지 곰곰히 생각해 보십시오. 다윗이 했던 이 말을 체험하지 않았는지요.

"머리에 있는 보배로운 기름이 수염 곧 아론의 수염에 흘러서 그의 옷깃까지 내림 같고."[시 133:2]

이 기름에 대해서는 솔로몬도 다음과 같이 말한 바 있습니다.

"네 이름이 쏟은 향기름 같으므로 처녀들이 너를 사랑하는구나."[아 1:3]

주 예수여, 오늘 태어난 얼마나 많은 영혼들이 당신에 대해 고백하는 사랑을 들어보소서. "우리로 당신을 가까이 따르게 하소서. 당신의 옷자락에 여민 부활의 향기로 숨을 들이마시며 당신을 놓치지 않고자 부지런히 따르렵니다."

"지혜자는 그의 눈이 그의 머리 속에 있다"[전 2:14] 하였으니, 기름 부음받은 의미를 헤아려 보십시오. 기름이 수염까지 흘러내렸다는 것은 곧 젊은 나이에 기름 부음을 받았다는 뜻입니다. 아론의 수염 위에 흘러내렸다는 것은 곧 귀한 값을 치러서 선택받은 족속, 즉 제사장의 족속으로 구별하여 세웠다는 뜻입니다. 우리 모두는 하나님의 나라와 그 나라의 제사장 직분에 참여하도록 영적인 은혜의 기름을 부음 받은 사람들입니다.

그리고 나서는 죄의 옷을 벗고 단아한 순결의 옷을 입었다는 표시로서 흰색 의복을 받습니다. 시편 기자가 이렇게 노래했습니다.

"우슬초로 나를 정결하게 하소서 내가 정하리이다 나의 죄를 씻어 주소서 내가 눈보다 희리이다."[시 51:7]

세례 받은 자는 하나님의 율법과 복음의 기준으로 판단해서 깨끗해진 것과 마찬가지입니다. 하나님의 율법서에 보면 모세는 어린 양의 피를 적셔 뿌리는 데 우슬초 한 다발을 사용했고,[히 9:19] 복음서에 따르면 예수님이 부활의 영광을 드러내실 때 그 의복이 눈같이 희어졌다 했기 때문입니다. 죄 사함을 받은 죄인은 눈보다 더 하얗습니다. 주님께서 이사야를 통해서 약속하셨습니다.

"너희의 죄가 주홍 같을지라도 눈과 같이 희어질 것이요…"[사 1:18]

물로 씻겨져 새로 태어난 교회가 흰 의복을 입고서 아가서의 말씀을 빌어 읊습니다.

"예루살렘 딸들아 내가 비록 검으나 아름다우니…"(아 1:5)

인간의 연약함을 입고 태어나서 검지만, 은혜로 말미암아 아름다워졌다는 뜻입니다. 죄인으로 태어나서 검지만, 믿음의 성례를 통해 아름다워졌다는 뜻입니다. 이 흰 의복을 입은 자를 보며 예루살렘의 딸들은 놀라움을 감추지 못하며 소리 높여 외칩니다. "새하얀 모습으로 태어난 이 자는 누구란 말인가? 검었던 자가 어떻게 저리도 갑자기 새하얗게 변했단 말인가?"

그리스도께서 하얀 옷으로 단장한 그의 신부된 교회를 바라보시며(여러분이 스가랴를 읽어서 아시다시피 그리스도께서 교회를 대신하여 더러운 의복을 뒤집어 쓰셨습니다), 중생의 물로 깨끗하게 씻겨진 영혼을 바라보시며 이렇게 감탄합니다.

"내 사랑아 너는 어여쁘고 어여쁘다. 네 눈이 비둘기 눈과 같으니 하늘로부터 비둘기 같이 내려오는 성령님의 그것과 같구나."(아 1:15 참고)

그렇다면 이제 여러분은 지혜와 통찰의 영, 지식과 경외의 영 그리고 거룩한 두려움의 영으로 인쳐졌음을 기억하십시오. 여러분이 받은 것을 소중하게 간직하십시오. 바울 사도의 서신을 읽으며 배웠듯이, 성부께서 여러분을 인치셨고, 성자께서 여러분을 강건케 하시며, 앞으로 올 것에 대한 보증의 표시로 여러분의 가슴에 성령님을 보내 주셨습니다.

* SC 25 bis: 172~178; TO

제2장
얼굴·형상

"그가 내 육신의 가난함을 나누어 가지셨음으로 나 또한 성자 하나님의 부요함을 나누어 가지리라."

[그림 3] 12년 동안 혈루증을 앓고 있던 여인을 치료하시는 예수 그리스도를 그린 카타콤 프레스코화(AD 3세기 중반, 로마). 이 치유의 사건은 공관복음에 공통적으로 기록되었고(마 9장; 막 5장; 눅 8장), 또한 회당장 야이로의 12살 외동 딸이 죽고 다시 살아나는 사건에 대한 기록 사이에 공통적으로 기록되었다. 12년 동안 사회적, 종교적 그리고 여성적으로 죽은 여인이 되살아난 사건은 12년 인생의 '끝자락'에 서 있는 소녀의 행방을 여는 해석적 열쇠가 된다. "열두 해 동안이나 혈루증으로 앓는 여자가 예수의 뒤로 와서 그 겉옷 가를 만지니"(마 9:20) "혈루증이 즉시 그쳤더라"(눅 8:44). 그림은 "겉옷 가", 즉 인생의 끝자락에 선 여인이 내미는 절박한 믿음의 손길을 아프게 그래서 영광스럽게 잡아낸다. 이 여인도, 회당장 야이로도, 야이로의 딸도, 제자들도, 그리고 이를 지켜보는 독자들도 하나같이 인생과 존재의 끝자락에서 예수님의 겉옷 가를 붙잡고 있지 않은가? 그는 죄인들에게 오신 거룩한 하나님이시므로... 당시 어느 로마 청년들과 같이, 토가(헐렁한 겉옷)와 팔리움(걸치는 옷)을 입고 짧은 머리에 턱수염이 없는 모습으로 예수님을 묘사한 것이 인상적이다.

:: 그가 이 땅으로 내려오시니

나지안주스의 그레고리
(Gregory of Nazianzus, 주후 329~390)

　그리스도께서 탄생하셨으니, 그에게 영광을 돌립시다. 그리스도께서 하늘로부터 내려오시니, 나아가 그를 맞이 합시다. 그리스도께서 이 땅으로 내려오시니, 우리는 올라갑시다. 온 만물아 주님께 노래하라. 하늘에서 나와 땅으로 오신 분으로 인하여 하늘은 기뻐하고, 땅은 송축하라. 그리스도께서 여기 육체 가운데 계시니, 두려움과 기쁨 속에 감격해하자. 우리의 죄로 인해 두려워 하고, 그가 죄인들에게 허락하신 소망으로 인하여 기뻐하자.
　(이 세상의 창조 때 이후로) 다시 한 번 어둠이 흩어지고, 다시 한 번 빛이 창조되었다. 무지의 흑암 속에 들어앉은 백성들아 지혜의 빛을 바라보자. 옛 것은 지나 갔으니, 보라 새 것이 되었도다. 하늘에서 어머니 없던 그가 이제 아버

지 없이 이 땅 위에 태어났도다. 자연의 법칙이 뒤집어졌나니, 윗 세상이 이 땅의 시민들로 가득해 지리라. 육체가 없으신 그가 육체를 입고 오셨다. 하나님의 말씀이 몸을 입었다. 보이지 않는 것이 보여진다. 어느 손도 만질 수 없었던 그의 손이 만져진다. 영원에 시작이 생겼다. 하나님의 아들이 사람의 아들이 된다. 어제도 오늘도 영원토록 동일하신 예수 그리스도시라.

빛으로부터 난 빛인 하나님 아버지의 말씀이 그의 형상인 인간에게 오신다. 나의 육신을 위하여 육신을 취하시고, 나의 영혼을 위하여 이성^{理性}과 연합하셨으니, 차례로 성결케 하려 하심이라. 어디를 보아도 참 인간이 되셨으나, 단 죄는 없으시도다. 이 무슨 전에 본적 없는 신비로운 연합인가! 스스로 있는 자가 존재가 되고, 창조자가 창조물이 되셨다. 그가 내 육신의 가난함을 나누어 가지셨음으로 나 또한 성자 하나님의 부요함을 나누어 가지리라.

* PG 36:311~314; RDO:34

:: 구원의 창시자인 그리스도의 고난을 통하여

아타나시우스
(Athanasius of Alexandria, 주후 293~373)

하나님의 말씀은 그의 창조물인 인간이 스스로 파멸 속으로 뛰어 들어가는 것을 그대로 내버려두지 않으셨습니다. 그래서 하나님의 말씀께서 그 몸을 친히 제물로 드림으로 인간에게 붙어 있던 죽음을 파괴시켰습니다. 그 가르침으로 인간의 무지함을 깨우치셨습니다. 그 권세로 인간을 회복시키셨습니다.

무엇 때문에 다른 방법들을 다 제쳐두고서 하나님의 말씀이 육신을 입으셔야만 했습니까? 성경이 밝히고 있는 이유는 이러합니다.

"그러므로 만물이 그를 위하고 또한 그로 말미암은 이가 많은 아들들을 이끌어 영광에 들어가게 하시는 일에 그들의 구원의 창시자를 고난을 통하여 온전하게 하심이 합당하도다."[히 2:10]

즉 파멸 속으로 뛰어 들어가는 인간을 건져내는 구원의 역사의 성패가 오직 태초에 이들을 창조하신 하나님의 말씀에 달려있다는 뜻입니다.

그 몸을 친히 제물로 드림으로 인간을 무겁게 누르던 율법의 요구를 다 이루셨습니다. 그리고 부활의 소망을 주심으로 우리 안에 생명의 법을 새롭게 하셨습니다. 우리가 원인이 되어 죽음이 왕 노릇하였다면, 이제는 거꾸로 하나님의 말씀이 육신을 입으심으로 죽음이 파괴되고 생명이 되살아났습니다. 사도 바울이 그리스도로 충만하여 다음과 같이 선포하였습니다.

"사망이 한 사람으로 말미암았으니 죽은 자의 부활도 한 사람으로 말미암는도다 아담 안에서 모든 사람이 죽은 것같이 그리스도 안에서 모든 사람이 삶을 얻으리라."[고전 15:21~22]

그런즉 우리는 더이상 죽음의 정죄함 아래 있지 않습니다. 우리가 죽는다면 그것은 죽은 자들 가운데서 다시 살아 일어날 부활의 소망 안에서 죽는 것입니다. 부활의 저자이시며 동시에 그 은혜의 수여자이신 하나님이 그의 때에 이루실 우주적인 부활을 기다리며 죽는 것입니다.

누군가의 모습을 목판 위에 그림으로 그렸는데 어떤 외부적인 원인으로 인해 그 그림이 지워졌다고 합시다. 동일한 목판에다 동일한 그림으로 복원해 두려면 동일한 모델이 필요합니다. 우리가 이 목판을 함부로 버리지 않는 이유는 처음에 그 위에 그려졌던 사람의 모습, 즉 복원하고 싶은 사람의 모습이 남아있기 때문입니다. 이와 마찬가지로 하나님 아버지의 지극히 거룩한 아들, 즉 그의 형상되신 자께서 하나님의 형상으로 지어진 우리들을 복원시키고, 잃어버린 우리들을 되찾으시며, 우리의 죄를 사하시려고 우리가 사는 세상으로 찾아오셨습니다. 성경에 이렇게 기록되어 있습니다.

"인자가 온 것은 잃어버린 자를 찾아 구원하려 함이니라."[눅 19:10]

"사람이 거듭나지 아니하면"하고 말씀하셨을 때 하나님의 말씀은 여자의 출생에 대해 이야기하신 것이 아닙니다. 우리가 당신의 형상으로 재탄생되고, 재창조되는 것에 대해 이야기하신 것입니다.

* PG 25:111~114, 119; RDO:28~29

:: 그리스도의 말씀으로 새기는 하나님의 형상

콜럼바누스
(Columbanus the abbot, 주후 540~615)

　선지자 모세가 토라에 "하나님이 자기 형상 곧 하나님의 형상대로 사람을 창조하시되…"[창 1:27] 하고 기록하였습니다. 여러분에게 이 말에 담긴 무게감에 대해 헤아려 보라고 부탁드립니다. 하나님은 전능하십니다. 우리는 그를 볼 수도 없고 이해할 수도 없으며 그를 묘사할 수도 그에게 가까이 갈 수도 없습니다. 그런 하나님이 진흙으로 우리를 만드시고 그의 형상이라는 고귀한 명예을 부여해 주셨습니다. 우리 안에 하나님을 닮은 것이 무엇인가요? "하나님은 영이시라" 했으니, 그렇다면 땅의 것들 중에 영과 닮은 것은 무엇인가요? 하나님이 우리에게 당신의 영원한 형상과 그와 닮은 모습을 우리에게 주신 것은 영광스러운 특권입니다. 우리가 그의 형상을 간직하는 한 이 형상으로 인해 우리는 존엄한 존재가 됩니다.

우리 영혼에 심겨진 이 고귀함을 바른 목적을 위해 사용한다면 우리는 하나님과 같이 될 것입니다. 하나님은 우리가 타락하기 전 우리 안에 당신이 친히 심으신 고귀한 씨앗을 거두어 그에게 바치라고 명하십니다. 그의 첫째 계명은 태초 전부터, 우리가 존재하기 전부터 "주님께서 우리를 먼저 사랑하셨기에 우리의 온 마음을 다해 주님을 사랑하라!"는 것입니다. 하나님을 사랑하면 우리 안에 그의 형상이 새로워집니다. 하나님을 사랑하는 사람이란 그의 계명을 지키는 사람입니다.

"너희가 나를 사랑하면 나의 계명을 지키리라."[요 14:15]

그의 계명은 서로를 사랑하는 것입니다. 주님께서 친히 말씀하셨습니다.

"내 계명은 곧 내가 너희를 사랑한 것 같이 너희도 서로 사랑하라 하는 이것이니라."[요 15:12]

참된 사랑은 단지 "말과 혀로만" 드러나지 않고 "행함과 진실함으로" 드러납니다.[요일 3:18] 그렇기에 우리는 우리의 형상을 더럽히지 않고 거룩하게 보존하여 우리 하나님 아버지께 돌려드려야 합니다. 성경에 기록되기를, 하나님은 거룩한 분이시기 때문입니다.

"내가 거룩하니, 너희도 거룩하라."[레 19:2]

우리는 사랑함으로 하나님의 형상을 회복해야 합니다. 사도 요한의 말대로 하나님은 사랑이시기 때문입니다.

"이는 하나님은 사랑이시라"[요일 4:8]

우리는 하나님의 형상을 신실함과 진리로 회복해야 합니다. 하나님은 신실하시고 진실하시기 때문입니다. 우리가 새겨나가는 형상이 하나님의 모습과 다르면 안됩니다. 가혹하고 쉽게 화를 내고 교만한 모습은 폭군의 형상입니다.

폭군의 형상을 우리 안에 새기지 말고, 그리스도께서 당신의 말씀으로 우리 안에 자신의 형상을 새겨 놓으시도록 합시다.

"평안을 너희에게 끼치노니 곧 나의 평안을 너희에게 주노라."[요 14:27]

그런데 우리가 실천하지 않는 한 평안에 대한 우리의 지식은 아무런 능력이 되지 않습니다. 대개 가장 고귀한 것은 가장 깨어지 쉬운 법입니다. 값비싼 것은 가장 조심스럽게 다루어야 하는 법입니다. 그런 것들 중에서 타인에 대한 험담에 의해 손실되거나 아주 미세한 실금에 의해 부서지는 이 하나님의 형상이라는 것이 특별히 깨어지기 쉽습니다. 사람들은 다른 사람의 사정에 대해 이러쿵저러쿵하기를 다른 무엇보다 좋아합니다. 남의 등 뒤에서 쓸데없는 말들을 내뱉으며 험담하곤 합니다. 그렇기에 "주 여호와께서 학자들의 혀를 내게 주사 나로 곤고한 자를 말로 어떻게 도와 줄 줄을 알게 하시고"

[사 50:4] 라고 자신있게 말할 수 없는 사람이라면 침묵해야 하며, 만약 무언가 할 말이 있다면 그 말은 반드시 화평을 끼치는 말이어야 합니다.

 * Opera 106~107; RDO:57~58

:: 그리스도인, 또 하나의 그리스도

니사의 그레고리
(Gregory of Nyssa, 주후 335~394)

그 누구도 사도 바울만큼 그리스도를 밝히 안 사람은 없습니다. 또 그만큼 그리스도의 이름을 지닌 사람이 어떻게 그 이름에 합당하게 살아야 하는지 삶으로 여실히 보여준 사람도 없습니다. 그가 섬기는 주님이 마치 거울 속에서 바울의 모습에 비추시듯, 바울은 주님의 모습을 드러내는 형상이었습니다. 어떻게든 주님을 닮아가려고 애쓴 바울은 닮고자 한 대상의 모습으로 변해가게 되고 그래서 그 속에서 살아서 말하는 이는 바울이 아니라 마치 그리스도인 것 같은 정도가 되었습니다. 고린도교회 사람이 그리스도께서 그를 통해 말씀하신다는 증거를 대라고 요구했을 때, 바울은 그리스도를 닮아가는 은혜에 대한 뚜렷한 인식을 가지고 다음과 같이 말했습니다.

"그런즉 이제는 내가 사는 것이 아니요 오직 내 안에 그리스도께서 사시는 것이라."[갈 2:20]

사도 바울은 그리스도를 하나님의 능력과 지혜요, 우리의 평화요, 하나님의 보좌에서 비취는 접하지 못할 빛이요, 우리의 화목과 구속이요, 우리의 대제사장이요, 우리의 유월절 어린양이요, 우리의 속죄라는 명칭으로 부르면서 그리스도의 이름이 지닌 능력에 대해 가르쳐줍니다.

또 다른 곳에서는 그리스도는 하나님의 영광의 빛이요, 하나님의 신성의 모본이요, 역사의 창조자요, 우리 영의 양식과 음료요, 바위와 생수요, 우리 믿음의 반석이요, 모퉁이 돌이요, 보이지 않는 하나님의 보이는 형상이라며 그 이름의 능력에 대해 선포합니다.

그리고 계속해서 그리스도에 대해서 전능자 하나님이요, 그의 몸된 교회의 머리요, 새 창조의 대표자요, 잠자는 자들의 첫 열매요, 죽은 자들 가운데 처음으로 다시 살아난 자요, 수많은 자녀들 중에 장자라고 칭하고 있습니다. 또한 그리스도는 하나님과 인간 사이의 중재자요, 영광과 존귀로 관을 쓴 하나님의 독생자요, 영광의 주군이요, 모든 것의 시작이요, 공의와 평화의 왕이요, 그 다스림에 끝이 없는 온 우주만물의 왕이라고 증거합니다.

이외에도 이 자리에서 모두 언급할 수 없을 만큼 여러 명칭으로 그리스도를 부르고 있습니다. 그 많은 명칭들이 다 함께 어우러져 '그리스도'라는 이름에 담긴 너무도 경외롭기에 차마 다 표현하지 못할 그 실체를 하나님은 우리의 인식과 지식이 감당할 수 있을 만큼 드러냅니다.

하나님은 선하시기에 모든 이름 중에 가장 위대하고 높고 뛰어난 이 '그리스도'라는 이름을 사용하는 영예를 우리에게 주셨습니다. 그래서 우리는 '그리스도인즉, 그리스도의 것'이라 불리게 되었습니다. 이는 우리에게 주신 '그리스도' 라는 이름 속에 담긴 각각의 의미를 지닌 수많은 명칭들 또한 우리 안에서 하나하나 선명하게 드러나야 한다는 뜻이기도 합니다. 거짓 가운데 스스로를 '그리스도인'이라 부르는 것이 아니라면, (사도 바울처럼) 삶을 통해 거짓이 아님을 증명해야 합니다.

* PG 46:254~255; RDO:302~303

:: 성인들을 본 받아

어거스틴
(Augustine of Hippo, 주후 354~430)

　그리스도를 따르는 무리인 우리는 순교자들을 본받는 마음을 고양시키고, 그들의 정신에 참여하며 또한 그들이 드리는 기도의 도움을 받고자, 그들을 기억하는 이 거룩한 예식으로 모였습니다. 그러면서도 순교자 중 어느 누구를 위한 제단은 하나도 세우지 않았습니다. 심지어 순교자들의 시신을 안장한 예배당에도 그렇게 하지 않았습니다.

　그들의 거룩한 시신이 누워있는 제단에서 의식을 치룰 때에도 어느 주교도 "베드로여, 이 예물을 당신께 드립니다" 혹은 "베드로 당신께" 또는 "키프리안 당신께" 하고 말하지 않습니다. 그럴 수 없습니다. 드려진 예물은 언제나 그 순교자들에게 면류관을 씌워 주신 하나님께만 드려집니다. 우리는 순교자들의 육신이 하나님이 주신 '안식'의 면류관을 쓰고 안장된 예배당에서 예물을 드립니다. 그렇게 하는 목적은 그 장소와 밀착되어 있는 그들에 대한 기억들이 우리의 감정을 고취시키고 우리에게 용기를 주어서, 우리가 본받아야 할 그 순교자들을 향한 사랑과 또 그렇게 할 수 있도록 은혜를 주시는 하나님을 향한 사랑이 우리 안에서 날로 더해지도록 하기 위함입니다.

그렇기 때문에 우리는 여전히 우리와 함께 하시는 하나님의 거룩한 열두 사도들에게 드리는 동일한 사랑과 유대감을 이 순교자들에게도 표현하는 것입니다. 사도들의 뒤를 이어 복음을 위하여 죽음의 고난을 기꺼이 받아들이기로 작정한 이들의 마음을 느낍니다. 그리고 더 나아가 죽음과의 싸움에서 이미 승리한 이들과 더 강한 일체감을 느낍니다. 우리는 그들에게 이 땅의 삶이라는 전장戰場에서 치열한 전투를 치룬 것에 대해 경의를 표하지만, 그보다는 이미 승리의 면류관을 얻고 하늘에서 살고 있음에 보다 열렬한 경의를 표합니다.

하지만 "예배" 혹은 "라트리아"$^{latria, 라틴어}$라는 이름으로 엄밀하게 구별되어진 의식, 즉 신에게만 드리는 최고의 경배는 홀로 하나님께만 드리고 또 그렇게 하라고 배웠습니다. 이런 점에서 희생의 예물은 라트리아 의식에서만 드립니다(이 예물을 우상에게 드린다면 그는 우상 숭배자입니다). 그리고 그 누구에게도 하나님께 드려질 예물을 어떤 순교자나 거룩한 영혼이나 아니면 천사에게 드리라고 강요하지도 않고 가르치지도 않습니다. 우리 중 누군가가 이러한 잘못을 범한다면 그런 자들은 정통교리로 시정교육을 받을 것이고, 그 후에도 시정하지 않는다면 출교를 당할 것입니다.

바울과 바나바의 사례가 분명하게 못 박고 있듯이,$^{[행 14:6~18 참조]}$ 성인들 또한 하나님께 드려질 예배가 자신들에게 드려지는 것을 금했습니다. 루스드라 사람들이 바울과 바나바가 행한 기적에 매료되어 그들을 신으로 모셔 제사를 드리려 했을 때, 사도들은 그들의 옷을 찢으며 자신들은 신이 아니니 믿어 달라고 소리 높이면서 즉각 제사를 멈추게 했습니다.

우리가 가르치는 진리는 하나이기에, 이와 다른 가르침들은 진리가 아닙니다. 우리가 반드시 전해야 할 가르침이 있고, 이 가르침이 잘못 전해졌을 때는 반드시 바로 잡아야 합니다. 하지만 잘못된 행위들이 바로 잡힐 때까지는 참고 용납해야 합니다.

* CSEL 25: 562~563; RDO: 247~248

:: 우리가 경배하는 것은

다마스커스의 요한
(John of Damascus, 주후 676~749)

 태초에 하나님이 우리를 당신의 형상 혹은 이미지^{Image}를 따라 창조하셨음을 기억합시다. 우리가 하나님의 형상으로 지음 받지 않았다면 우리가 서로를 존귀하게 여길 이유가 무엇이겠습니까? 성물^{聖物}에 대해 방대한 글을 남긴 바실은 형상을 귀하게 여기는 것은 곧 그 형상의 원형^{原型}을 귀히 여기는 것이라는 말을 남겼습니다. 여기서 원형이라 함은 조형의 대상물이며, 본을 떠 만든 모든 판본의 원판이라는 뜻입니다.
 '형상'이라는 용어는 구약성경에서 그리 자주 사용되지는 않습니다. 하지만 하나님이 인간을 향한 긍휼한 마음을 품으셔서 우리의 구원을 위해 참 인간이 되신 이후로, 아브라함 앞에 나타나셨던 인간을 닮은 모습도 아니고 선지자들 앞에 보이셨던 모습도 아니며 우리와 같은 진짜 인간이 되신 이후로, 이 땅에서 그의 백성들 속에 함께 거하시며, 기적을 행하시고, 고난 당하시고, 십자가에 달리셨다가 다시 사셔서 하늘로 들려 올려지신 이후로, 실제로 일어난 이 사건들을 목격한 사람들이 있어 후대 사람들도 기억하고 가르침을 받도록 기록으로 남긴 이후로 이 사건들을 눈으로 직접 보지 못한 우리들도 듣고 믿음으로 주님이 베푸시는 축복을 누리게 되었습니다.

그런데 글을 깨우치지 못한 사람들이나 또 글을 읽을 시간이 없는 사람들이 있기에, 교부들은 이 사건을 위대한 대서사시처럼 그림에 담아서 보는 즉시 이 사건들을 기억할 수 있도록 하였습니다. 주님의 고난에 대해 마음에서 잠시 잊고 지내다가도 십자가에 달리신 모습을 그림으로 보면서 우리의 구원을 위해 당하신 고난이 우리 기억 속에 다시금 되살아나곤 합니다. 그러면 엎드려서 그림 자체를 경배하는 것이 아니라 그림 속 대상인 주님을 경배하게 됩니다. 복음서의 이야기를 기록한 그림 자체를 경배하는 것도 또 십자가 형상 자체를 경배하는 것이 아닙니다. 그 그림이 가리키고 있는 대상입니다.

주님을 증거하고 있는 십자가와 그렇지 않은 평범한 십자가의 차이가 결국 무엇인가요? 성모^{聖母} 마리아에 관한 경우도 마찬가지입니다. 우리가 성모에게 찬미를 드리는 이유는 결국 그녀를 통해 육신을 입고 이 땅에 오신 주님 때문입니다. 마찬가지로 성경에 기록된 하나님의 사람들의 영웅담은 그들처럼 우리도 담대해지고 그들의 신앙을 흠모하여 흉내내면서 결국 하나님께 영광을 돌리도록 우리 마음에 도전을 주는 것입니다.

* PG 94:1169~1173; RDO:58

:: 하나님과 그의 가까운 벗들에게

다마스커스의 요한
(John of Damascus, 주후 676~749)

하나님은 형체가 없으셔서 전에는 그 모습을 묘사할 수 없었습니다. 하지만 하나님이 육체 가운데 나타나셔서 인간과 교제하셨기에, 이제는 제 눈에 보이는 하나님의 형상^{形像, icon}을 조형할 수 있게 되었습니다. 그렇다고 해서 형물 자체를 경외하지 않습니다. 제가 경외하는 분은 저를 위해서 친히 물질이 되시고, 물질로 만들어진 껍질을 입으시고 또 그 물질을 통해 친히 저의 구원을 이루신 그 형물의 창조자입니다. 그렇기 때문에 저의 구원을 이뤄 낸 그의 성물^{聖物}을 다함없이 귀하게 여길 것입니다. 그렇다고 해서 하나님으로 여기지는 않을 것입니다.

어떻게 하나님이 붙들지 않고서는 스스로 존재할 수 없는 창조물의 모습을 입고 이 땅에 오셨단 말입니까? 하나님의 몸은 하나님 자신입니다. 왜냐하면 그 몸은 영존할 신성과 연합되었기 때문입니다. 이 연합 속에 하나님의 신성은 변함없이 그대로 보존되었고, 시간 속에 창조된 그의 육체는 이성이 깃든 영혼의 힘으로 살아 움직이게 되었습니다. 이런 이유로 저는 주변에서 볼 수 있는 성물들을 소중히 여깁니다. 왜냐하면 하나님의 은혜와 능력이 그 속을 채우고 있기 때문입니다. 그로 인해 구원이 저에게 임하였기 때문입니다.

더 없이 은혜스럽고 감화로운 나무 십자가가 아무 것도 아닙니까? 거룩하게 드높여진 갈보리 언덕은 어떻습니까? 주님의 생명을 품었다가 새 생명을 내어 준, 우리 부활의 원천인 그 거룩한 바위 무덤은요? 지극히 거룩한 복음서를 기록하는 데 쓰인 잉크는요? 새 생명을 주는 물질로 만들어진 제단은요? 그 제단으로부터 우리는 생명의 떡을 받아 먹지 않습니까! 금과 은이 아무 가치가 없나요? 이 광물들로 십자가와 성찬용 접시와 잔을 만든다면요? 그 어떤 것들보다 우리 주님의 몸과 피가 아무것도 아닌가요? 이러한 성물들에 합당한 찬미와 경의를 거두어들이던지, 아니면 교회의 전통에 참여하여 찬미와 경의를 드려 표하십시오.

하나님과 그의 가까운 벗들에게 경의를 표하십시오. 성령님의 감화와 감동에 이끌리십시오. 물질이라는 이유로 천하다고 경멸하지 마십시오. 하나님은 그 어떤 것도 천하게 만들지 않으셨습니다. 영은 높고 물질은 낮다고 믿는 그런 생각은 이단적인 생각입니다. 하나님으로부터 나오지 않은 것, 인간이 만들어 낸 것, 하나님의 법을 떠난 인간의 소견대로 내린 선택이야 말로 천박합니다. 즉 천박한 것은 우리의 죄입니다.

* PG 94:1245; RDO:56

:: 나 일어나 내 아버지에게 돌아가리라

베드로 크리솔로구스
(Peter Chrysologus of Ravenna, 주후 380~450)

"나 일어나 내 아버지에게 돌아가리라."[눅 15:20]

탕자는 바닥에 널부러진 채 이 말을 뱉었습니다. 그는 자신의 몰락에 대해서 곱씹어 보고 자신의 파산에 대해서 곰곰히 그 과정을 되짚어 보았습니다. 그리고 마침내 죄의 진창에 빠져 허우적 거리고 있는 자신의 처참한 몰골을 보게 되었습니다. 그 끝에 이렇게 외친 것입니다. "나 일어나 내 아버지에게 돌아가리라." 그의 처지에서 무슨 비빌 언덕이 있어 그런 희망과 확신 속에 장담한단 말입니까? 그가 돌아가려는 대상이 바로 그의 아버지라는 사실 자체가 바로 그 언덕입니다. 그가 말합니다, "나는 스스로 아들이기를 포기하였지만 내 아버지는 아버지 되기를 포기하신 적이 없으시다. 아버지와 상관없는 자가 와서 선처를 호소하는 것은 소용없는 일이다. 그의 가슴 깊은 곳을 덥게 데우며 간절한 마음을 일으키는 것은 다름 아닌 자식을 향한 아버지의 사랑 그 자체이니까. 그 자녀를 용서하고 다시 끌어 안을때 까지 절절하게 끓어오르는 것이 본능적인 부성^{父性}이 아닌가. 그러니 나 비록 죄로 얼룩졌다 해도 내 아버지께 돌아가리라."

아버지는 아들을 만나자마자 즉시 허물을 덮어주었습니다. 심판자이기에 앞서 아버지이셨던 것입니다. 아버지에 의해 유죄가 순식간에 무죄로 바뀌었습니다. 아버지가 그토록 바랬던 것은 아들의 파멸이 아니라 귀향이었기 때문입니다. 아버지는 달려가 아들의 목을 안고 입을 맞추었습니다. 회초리 대신 입술을 대었습니다. 이것이 바로 아들을 심판하고 판결을 내리는 아버지의 방식이었습니다. 사랑의 힘은 죄를 넘어섭니다. 그렇게 하늘에 계신 우리 아버지는 자녀들의 목을 끌어 안고 죄를 덮어주시며, 입맞춤으로 죄를 사면해 주십니다. 아버지는 절대 아들의 죄목을 밝히지 않았을 뿐더러, 죄인이라는 낙인을 아들의 이마에다 찍지 않았습니다. 아들이 입은 상처가 그 어떤 흉이나 오욕으로 남지 않도록 깨끗하게 치료해 주었습니다.

"허물의 사함을 받고 자신의 죄가 가려진 자는 복이 있습니다."[시 32:1]

이 둘째 아들의 과거 처사에 분노를 느끼고 또 이 탕자의 불장난 같은 행각에 입을 다물지 못하겠다면 우리는 탕자의 아버지 같은 분과 생이별 하는 그런 일이 우리에게 똑같이 일어나지 않도록 각별히 주의해야 합니다. 하나님 아버지의 시선이 닿기만 해도 죄는 날아가 버리고, 범죄는 주위에 얼씬도 못하고 또 온갖 추악과 유혹은 다 내쫓기고 맙니다. 우리가 하늘의 아버지로부터 점점 멀리 떠나왔다면, 하지만 우리가 방탕하게 살며 그가 주신 것들을 허비해 버렸다면, 우리가 어떤 죄악과 악행을 저질렀다면, 우리가 밑도 끝도 없어 빠져나오지 못하는 방탕과 파멸의 나락으로 떨어져 버렸다면, 이제 우리는 털고 일어나 이 탕자의 이야기에서와 같이 그의 아버지와 같은 분에게로 돌아가야 합니다.

"아직도 거리가 먼데 아버지가 그를 보고 측은히 여겨 달려가 목을 안고 입을 맞추니…"[눅 15:20]

여기서 여러분에게 묻고 싶은 것은 과연 이 장면 어디에서 절망을 느끼고, 무슨 연유로 두려워서 변명하고 싶냐는 것입니다. 혹시 하늘의 아버지를 대면하는 것이 너무 두려운 나머지 그의 입맞춤 앞에 벌벌 떨게 되지는 않을지, 만약 하늘의 아버지가 달려와서 아들을 덥석 붙잡고 가슴이 부서지도록 꼭 끌어 안는 것이 반갑게 맞아주고 용서하기보다는 단단히 붙잡아두고 체벌하기 위한 것은 아닐지. 이런 생각에 사로잡혀 계십니까?

우리의 구원을 방해하는 이러한 몹쓸 생각들은 다음 이어지는 아버지의 음성 앞에 그 기력을 완전히 잃고 맙니다.

"제일 좋은 옷을 내어다가 입히고 손에 가락지를 끼우고 발에 신을 신기라 그리고 살진 송아지를 끌어다가 잡으라 우리가 먹고 즐기자 이 내 아들은

죽었다가 다시 살아났으며 내가 잃었다가 다시 얻었노라."[눅 15:22~24]

이 음성을 들은 뒤에도 아버지께 돌아가기를 주저하시렵니까?

* PL 52:188~189, 192; RDO:375~376

:: 이 시간 마주하는 하나님의 얼굴

어거스틴
(Augustine of Hippo, 주후 354~430)

　형제들이여, 죄인들은 이 시간 마주하는 하나님의 얼굴 앞에서 소멸하게 될 것입니다. 이 시간 죄인들은 소멸될 것이나 또한 죄인들은 소멸되지 말지어다. 의롭게 살기 시작한다면 죄인들은 분명 소멸할 것이나, 사람 된 당사자는 소멸하지 않을 것입니다. '죄인'과 '사람 인'^ 모두 명사입니다. '사람 인'^도 명사이고 '죄인'도 명사입니다. 우리는 이 두 단어 중에서 하나는 하나님이 만드시고 나머지 하나는 사람이 만들었다는 사실을 알고 있습니다. 여러분이 알다시피 하나님은 사람을 만드셨고 사람은 죄를 만들었습니다. 그렇다면 무엇 때문에 하나님이 "죄인들은 내 얼굴 앞에서 소멸할지어다"하고 말씀하실 때 벌벌 떨기 시작한단 말입니까? 하나님은 "너희가 만든 그것이 너희 안에서 소멸되고, 내가 만든 너희는 내가 보존하리라" 는 뜻으로 말씀하신 것인데 말입니다.

지금 이 순간에도 말씀의 불꽃은 여전히 타오르고 있고, 그 열기는 뜨겁게 달아오르고 있습니다. 성령님의 맹렬한 불꽃이 발하고 있습니다. 이를 다른 시편에서 이렇게 고백하고 있습니다.

"그의 열기에서 피할 자가 없도다."[시 19:6]

그의 열기는 사도 바울의 입술로 듣는 바대로 "성령님으로 환히 빛나는" [롬 12:11; 개역개정 번역에는 "열심을 품고"] 열기입니다. 그러니 이 시간 성경을 지금 마주하는 하나님의 얼굴로 대하십시오. 그리고 그 속에 녹아드십시오. 여러분의 죄에 대해 성경이 말하는 소리를 듣거든 회개하십시오. 그렇게 회개하면, 그렇게 말씀의 열기로 인해 괴로워 하면, 그렇게 눈물을 흘리기 시작하면, 마치 촛농과 같이 녹아지면서 눈물방울처럼 뚝뚝 떨어져 내리는 여러분 자신을 발견하지 않겠습니까? 그렇기에 앞으로 일어날까 무서워 떨게 될 상황을 지금 맞이하십시오. 그러면 그때 가서 무서워 떨지 않아도 될 것입니다.

* WSA: 45~46. 시편 68편에 대한 어거스틴의 설교문 중 제7단락.

THE FACE OF JESUS,
REFLECTED IN THE EYES OF THE EARLY CHURCH FATHERS

제3장
양식·말씀과 성찬

"천사들의 양식을 사람들에게 먹이셨으니 그들이
 배불리 먹을 식량을 내려주셨다."

[그림 4] 요한복음 13장에 기록된 성만찬 내용에서 예수님이 유다의 입에 떡을 넣어주는 장면을 19-20세기에 중국에서 비단에 그려진 그림. 그림의 상단부는 원형 모티브가 주를 이루고 있는데, 오른쪽 모서리 커다란 원형의 창문으로 부터 대각선 아래로 시선을 떨어드려 제등提燈의 불빛이 벽에 떨어져 이루는 가장 밝은 부분에 머무르게 만든다. 그곳에 예수님이 떡 한 조각을 오른손의 엄지와 검지만을 이용해 어떤 의도성을 지닌듯 섬세하게 집어 올리고 있다. 그러나 예수님과 유다 사이에 놓인 식탁은 너무도 커서 떡을 받기가 어려워 보인다. 예수님이 제자들과 이후 교회를 위해 베푸는 성만찬의 축복 속에 제자의 배신이 일어나는 요한복음이 담고 있는 역설과 긴장감을 표현하고 있다. 이 사건 속에 있으나 보지 않는 예수님 양쪽 옆의 제자들은 감은 눈과 비어있는 다른 제자들의 의자가 이를 증폭시킨다. 창 밖으로 보이는 푸른 대나무는 유다의 녹색 의복과 연결되어 예수님이 잡힐 겟네마네 동산으로 관찰자의 시선을 옮겨준다.

:: 태초부터 있는 생명의 말씀에 관하여

어거스틴
(Augustine of Hippo, 주후 354~430)

"태초부터 있는 생명의 말씀에 관하여는 우리가 들은 바요 눈으로 본 바요 자세히 보고 우리의 손으로 만진 바라."[요일 1:1]

말씀이 육신이 되어 우리 가운데 거하시지 않으셨다면[요 1:14] 그 누가 자기 손으로 말씀을 만질 수 있었겠습니까?

자연계 물질로 이루어진 육신을 입었기에 사람들이 손으로 만질 수 있던 말씀이 이제 막 처녀 마리아의 모태에서 그 육신을 입으려는 순간이었습니다. 하지만 잉태된 순간에 비로소 그가 존재하기 시작했다는 의미는 아닙니다. 사도 요한이 "태초부터 있는 생명의 말씀…" 하고 증언할 때 무엇을 말하고 싶어했는지 우리는 잘 알고 있습니다. 이 편지에서 사도 요한은 그가 기록한 복음서에서 증언한 것을 뒷받침하고 있습니다.

"태초에 말씀이 계시니라 이 말씀이 하나님과 함께 계셨으니…"[요 1:1]

혹 어떤 이는 '생명의 말씀'이라는 구절을 사람들이 손으로 만졌던 그리스도의 육신 '자체'를 가리킨다고 해석하기보다는 그리스도에 '관해' 설명하는 표현으로 해석할지도 모릅니다. 하지만 다음 제2절에서 따라오는 구절들을 살펴보십시오. "이 생명이 나타내신 바 된지라." 즉 그리스도 자신께서 생명의 말씀이라는 뜻입니다.

그렇다면 이 생명이 어떻게 나타내신 바 되었다는 겁니까? 이 생명은 태초부터 존재했으나 육신을 지닌 자들에게는 드러나지 않았습니다. 다만 이 생명을 우러러 보며 자신들의 영의 양식으로 섭취했던 천사들에게만 드러나 있었습니다. 그런데 성경에 어떻게 기록되어 있습니까?

"천사들의 양식을 사람들에게 먹이셨으니 그들이 배불리 먹을 식량을 내려주셨다."[시 78:25, 공동번역]

즉 영을 먹이던 생명 자체가 육신으로 나타났다는 의미입니다. 그렇기에 오직 마음의 눈으로만 볼 수 있던 것이 육신의 눈으로도 볼 수 있게 되어서 사람의 마음을 치료할 수 있게 되었다는 의미입니다. 말씀은 오직 마음의 눈에만 보이는 법이지만, 물체는 마음의 눈 뿐 아니라 육신의 눈에도 보이는 법이기 때문입니다. 우리의 신체 부위 중에서 물체를 볼 수 있는 기관인 눈은 이미 다 가지고 있습니다. 하지만 말씀을 볼 수 있는 방법은 없었습니다. 말씀이 육신이 되어 누구나 말씀을 볼 수 있게 됨으로 원래 말씀을 볼 수 있는 기관인 마음이 고쳐지게 되었습니다.

요한1서 1:2에서 계속해서 증거합니다.

"…이 영원한 생명을 우리가 보았고 증언하여 너희에게 전하노니 이는 아버지와 함께 계시다가 우리에게 나타내신 바 된 이시니라"

간단히 줄여서 "이 생명이 우리에게 나타나셨다" 는 말입니다.

"우리가 보고 들은 바를 너희에게도 전함은…"[요일 1:3]

여러분을 위해 이 구절이 담고 있는 의미를 풀어 보려 합니다. 제자들은 우리 주님의 육신을 직접 대면하여 보았습니다. 그들은 주님이 말씀하시는 것들을 직접 들었습니다. 그리고 우리에게 그 가르침을 전했습니다. 그래서 우리는 비록 주님을 직접 보지는 못했지만 그의 말씀을 듣게 되었습니다.

그렇다면 주님을 직접 뵙고 그의 가르침을 들은 제자들에 비해 우리는 덜한 사랑을 받은 자들입니까? 만약 그렇다면 무슨 이유로 사도 요한이 "…너희로 우리와 사귐이 있게 하려 함이니…"[요일 1:3] 하고 이어 기록했겠습니까? 제자들은 보았고 우리는 보지 못했으나, 그들과 우리가 다 같은 믿음 안에 있기에 우리와 그들 사이에는 사귐이 있습니다.

"…우리의 사귐은 아버지와 그의 아들 예수 그리스도와 더불어 누림이라 우리가 이것을 씀은 우리의 기쁨이 충만하게 하려 함이라."[요일 1:3-4절]

풀어쓰면 "그 사귐과 사랑과 하나됨 안에서 기쁨이 충만하게 하려 함이라."

* PL 35:1978, 1980; RDO:460~461

:: 영원히 마르지 않는 샘

에프렘
(Ephrem of Edessa, 주후 306~373)

　주여, 그 누가 당신의 말씀 중 단 한 절이라도 깨우칠 수 있겠습니까? 솟아나는 샘물을 손에 담아 마시려는 자와 같이 말씀은 손에 담으려하면 할수록 빠져나가고 맙니다. 하나님의 말씀은 다채로워서 듣는 자가 제 귀로 들을 수 있는 소리로 듣고, 주께서 그 말씀을 다채로운 색으로 칠해 두셔서 그 그림을 쳐다보는 이마다 그 안에서 볼 것을 봅니다. 그 말씀 속에 수많은 보화들을 감추어 두셨기에 캐내면 캐낼수록 저희들은 부요해집니다.
　하나님의 말씀은 가지마다 보배로운 열매를 맺는 생명나무와 같습니다. 하나님의 말씀은 지팡이로 치자 이내 열려 모든 이를 적셔줄 영의 음료가 흘러나오는 광야의 바위와 같습니다. 사도 바울은 "다같은 신령한 음식을 먹으며 다같은 신령한 음료를 마셨으니…"[고전 10:3~4] 하고 편지에 적었던 것입니다.

그렇기에 보화들을 발견할 때마다 마치 하나님의 말씀을 다 캐낸 것처럼 생각해서는 안 됩니다. 도리어 그 감추어진 보화 중에 그저 여러분이 캐어낼 수 있는 것만 캐냈다고 여기는 것이 옳습니다. 또 한편 그만큼 분량만 캐내었다고 해서 하나님의 말씀이 바닥을 쉽게 드러낼만큼 그 깊이가 얕다고 우습게 여기면 안 됩니다. 사실은 그만큼이 당신의 한계이기 때문에 그보다 더 남아있을 하나님 말씀의 부요함에 대해 감사를 드림이 마땅합니다.

하나님 말씀의 부요함에 사로잡혀 기뻐하며, 하나님 말씀이 당신의 역량 너머에 있다고 해서 슬퍼하지 마십시오. 목마른 자는 해갈함으로 기뻐하는 법이며, 그 바닥까지 샘물을 다 마시지 못했다고 실망하지 않습니다. 말씀의 샘물로 당신의 갈증을 해소해야지 당신의 갈증으로 샘물을 마르게 해서는 안됩니다. 갈증을 해소할만큼 샘물을 마시고 다음에 갈증을 느낄 때 다시 샘에 와서 해갈하면 되지 않겠습니까. 하지만 배터지도록 물을 마셔 샘물이 말라 버린다면, 그 성취가 도리어 당신에게 해로움으로 되돌아오지 않겠습니까.

그런즉 당신이 받은 것으로 감사하며, 아직도 남아 있는 부요한 것들로 인해 슬퍼하지 마십시오. 당신이 받아 마신 것은 오늘의 몫이고, 미처 다 받지 못한 것은 내일의 유산입니다. 당신의 손이 작아 이번에 채 받지 못한 것은 다음 번에 구하면 받을 수 있을 것입니다. 그러니 한 모금에 모두 들이킬 수 없는 것을 들이키는 어리석은 짓일랑 하지 마십시오. 그리고 풀이 죽은 나머지 때마다 와서 얻어 마실 수 있는 기회를 놓치지 마십시오.

* SC 121:52~53; RDO:102~103

:: 독서와 사색으로부터 모든 영적 성장이

이시도레
(Isidore of Seville, 주후 560~636)

하나님과 늘 함께 있기 원한다면 규칙적으로 기도하고 규칙적으로 성경을 읽어야 합니다. 기도할 때 우리는 하나님께 말을 건넵니다. 독서할 때 우리는 하나님의 음성을 듣습니다.

독서와 사색으로부터 모든 영적 성장이 이루어집니다. 독서를 통해서 우리는 몰랐던 것을 새롭게 알게 됩니다. 사색을 통해서 이미 배운 것을 잊지 않고 간직하게 됩니다.

성경을 읽으면 두 가지 유익이 있습니다. 지각을 훈련시켜 성경을 이해하도록 돕고, 세상의 어리석은 것들에서 우리의 관심을 돌이켜 하나님의 사랑으로 향하게 합니다.

성경을 읽기에 앞서 배워야 할 것이 두 가지가 있습니다. 먼저는 어떻게 성경을 이해해야 하는지를 배워야 하고, 그 이해를 바탕으로 우리의 유익을 위해 어떻게 성경에 기록된 말씀의 뜻을 이해해야 하는지를 배워야 합니다. 우리가 읽고 배운 대로 사람들에게 선포하기에 앞서, 우리가 읽고 있는 것이 무엇인지 먼저 이해하려는 적극적인 마음가짐이 필요합니다.

진지한 마음으로 성경을 읽는 사람들은 단편적인 지식을 얻는 데 만족하는 사람들보다 더 읽은 것을 실천하는 데 많은 노력을 기울일 것입니다. 이미 알고 있는 것을 행하지 않는 것 보다는 아예 처음부터 몰랐던 것이 차라리 용서받기 쉬울 것입니다. 독서의 목적은 앎에 있지만, 성경 연구의 목적은 실천에 있습니다.

그 누구도 꾸준하게 읽지 않고는 성경을 이해할 수 없습니다. 그래서 이렇게 기록되어 있습니다.

"그를 높이라 그리하면 그가 너를 높이 들리라. 만일 그를 품으면 그가 너를 영화롭게 하리라."[잠 4:8]

밭을 자주 갈아주면 줄수록 수확거리가 보다 더 풍성해지듯, 거룩한 말씀을 연구하는 데 자신을 열심히 드리면 드릴수록 여러분의 깨달음은 더 풍성해질 것입니다.

어떤 사람들은 지적 능력이 뛰어나 독서에 큰 어려움을 느끼지 않습니다. 다만 게으름으로 인해 독서를 통해 얻을 수 있는 배움의 효과가 떨어집니다. 어떤 이들은 배우려는 열정은 높은데 지적 능력이 따라주지 못합니다. 하지만 읽은 것을 실천하면 똑똑한 사람들이 게을러 배우지 못한 것들을 깨닫게 될 것입니다.

비록 이해가 느려도 끈질지게 노력하는 사람에게는 그에 합당한 보상이 주어집니다. 마찬가지로 하나님이 주신 지적 능력을 갈고 닦지 않은 사람들은 하나님의 선물을 썩힌 게으름의 죄에 대해 질책을 받게 될 것입니다.

은혜가 뒷받침 되지 않는 배움은 우리 귀에는 머무를지 몰라도 결코 마음까지는 닿지 못합니다. 그런 배움은 겉은 요란하나 속은 비어있습니다. 하지만 하나님의 은혜가 가장 깊은 곳에 자리한 우리의 지각을 감동하여 깨달음을 주실 때, 귀에 내려앉은 그의 말씀은 우리 마음속까지 내려 앉습니다.

* SC 121:52~53; RDO:102~103

:: 바퀴들도 이 생물들 곁에서 맞추어

로마의 그레고리
(Gregory of Rome, 주후 540~604)

어떤 이들은 자신들이 이 땅에서 받아 누리는 좋은 것들을 이웃에게 베풀며 살만큼 성숙합니다. 억압 받는 이웃들에게 자비로운 도움을 베풀려고 애쓰는 그런 사람들입니다. 이웃의 유익을 위해 자신들을 드리는 만큼, 그 만큼 앞으로 움직여 나가는 그런 사람들입니다. 에스겔 선지자가 환상 중에 본 '바퀴들'과 함께 움직여 '나가'는 것입니다. 즉 행할 일을 하기 위해 움직여 나가려는 '생물' 된 그들을 '바퀴'된 성경이 이끌어 주는 것입니다.

또 어떤 이들은 전해 받은 믿음이 충만하여 어떤 역경도 견딜 수 있습니다. 약간의 의심이 스며들어와 불순종 할 여지가 조금이라도 생기는 그런 사람들이 아니라, 도리어 불순종을 퍼트리려는 이들을 훈계하고 바른 길로 들어서도록 인도해 줄 그런 사람들입니다. 이들이 '서면' 바퀴들도 멈춰 섭니다. 성경에 기록된 말씀들이 이들로 바른 길로 행하도록 힘 주기 때문입니다. 성경이 말씀합니다.

"굳건하게 서서… 가르침을 받은 전통을 지키라."[살후 3:15]

또 이렇게 말씀합니다.

"근신하라 깨어라 너희 대적 마귀가 우는 사자 같이 두루 다니며 삼킬 자를 찾나니 너희는 믿음을 굳건하게 하여 그를 대적하라."[벧전 5:8-9]

다른 이들은 모아둔 재산 하나 없이, 앞으로도 그렇게 언젠가 사라지고 말 이 땅에 속한 것을 소유하고자 허리를 굽게 만들지 않을 것입니다. 그들의 온 마음을 하나님을 묵상하는 데 전부 드리려는 그런 사람들입니다. 그런 사람들이 땅에서 '들릴' 때에 바퀴들도 그 곁에서 들립니다. 그들이 올라서는 높이에 맞춰서 성경은 그 보다 여전히 더 높이 있는 신령한 것들에 대해 말씀하기 때문입니다. 간략히 정리해서, 이 '생물들'은 이웃들을 도우려 '가고', 스스로를 지키기 위해 '서고', 하나님을 묵상하기 위해 '들려' 집니다.

그러면 이 바퀴들도 생물들 곁에서 맞추어 가고, 서며 또한 들려 올려집니다. 왜냐하면 구하는 자는 성경에서 자신에게 맞는 것을 구하기 때문입니다. 여러분이 이웃들 가운데로 나가면, 성경도 여러분과 함께 나갈 것입니다. 여러분이 무엇으로도 흔들리지 않는 굳건한 심령을 구한다면, 성경 역시 여러분 곁에 흔들림 없이 설 것입니다. 여러분이 하나님의 은혜로 높은 수준에 이른 묵상의 삶을 산다면, 성경 역시 여러분과 함께 솟구쳐 오를 것입니다.

성경에 기록된 계명들이 죄 가운데 죽어 엎드려진 우리를 다시 생명의 세계로 데려다 줄 것입니다. 이것이 바로 우리가 시편기자와 함께 주님의 위대하심을 다음과 같이 노래하는 까닭입니다.

"내가 주의 법도들을 영원히 잊지 아니하오니 주께서 이것들 때문에 나를 살게 하심이니이다."[시 119:93]

깜깜한 현재 삶 속에서 성경은 우리가 가는 길을 밝히 비춰주는 빛입니다. 그래서 베드로 사도는 이렇게 권면하고 있습니다.

"또 우리에게는 더 확실한 예언이 있어 어두운 데를 비추는 등불과 같으니… 너희가 이것을 주의하는 것이 옳으니라."[벧후 1:19]

동일한 마음으로 시편 기자는 이렇게 노래합니다.

"주의 말씀은 내 발에 등이요 내 길에 빛이니이다."[시 119:105]

하지만 진리가 이 등으로 불 타오르게 만들지 않는다면 이 등마저 흑암 속에서 아무 소용이 없습니다. 그래서 시편 기자는 이렇게 노래합니다.

"내 주께서 나의 등불을 켜심이여 여호와 내 하나님이 내 흑암을 밝히시리이다."
[시 18:28]

빛을 비추지 못한다면 불이 켜져 있는 등이라 해서 무슨 소용이 있단 말입니까? 창조되지 않은 태초 이전의 빛을 받아 빛나지 않는 모든 태초 이후에 창조된 빛은 우리를 위해 빛을 밝혀주지 못합니다. 따라서 전능하신 하나님은 우리의 구원을 위해서 신·구약 성경에서 말씀하셨고 또한 그 의미들을 우리를 위해 밝혀 두셨습니다.

* PL 76, 847~848; RDO:99~110

:: 구약성경 속 성경

암브로시우스
(Ambrosious of Milan, 주후 337~397)

성경 전체가 하나님의 은혜의 숨결을 우리에게 불어주지만, 그 중에서도 이 소중한 책 『시편』은 더 그러합니다. 모세는 이스라엘의 선조들의 생애를 평이한 산문체로 써 내려갔습니다. 하지만 백성들을 이끌고 기적적으로 홍해를 건넌 뒤에 애굽 바로왕이 그의 군대와 함께 물속에 잠기는 것을 목격하고는 (그 기적 자체가 자기의 능력을 뛰어넘는 일이었듯이) 자신의 작문 능력을 뛰어넘는 승전가를 지어 하나님께 올려 드렸습니다. 여선지자였던 미리암도 다른 여인들에 앞장서서 직접 소고를 손에 들고 노래하였습니다.

"너희는 주님을 찬송하라 그는 높고 영화로우심이요 말과 그 탄 자를 바다에

던지셨음이로다."[출 15:21]

성경의 역사서는 우리에게 교훈하며, 율법서는 우리를 가르치며, 선지서는 우리에게 예시하고, 징계의 말씀은 우리를 훈육하며, 지혜서는 우리를 설득합니다. 하지만 『시편』은 이 모든 책들을 합친 그 이상입니다. 『시편』은 우리의 영적 건강을 위한 처방약입니다. 이 책을 읽는 사람마다 고질적인 문제점으로 인해 생긴 저마다의 상처를 치유할 처방약을 얻습니다. 이 책을 깊이 파고드는 사람마다 모든 영혼들에게 문이 열려있는 영혼의 단련을 위한 일종의 체육관을 발견합니다. 이 체육관에는 갖가지 시편들이 갖가지 종류의 단련기구처럼 준비되어 있습니다. 승리자에게 주어질 월계관을 받기 원하여 선을 행할 힘을 기르기 원하는 사람이라면 누구나 이 시설을 이용하면서 자신에게 필요한 단련기구를 선택하여 훈련할 수 있습니다.

우리 믿음의 선조들의 행적을 연구하여 그들의 가장 좋은 점들을 배우기 원하는 사람이 있다면, 그들의 전 생애를 기록하여 둔 한편의 시편을 읽음으로 그들의 과거사를 한 눈에 파악할 수 있습니다.

누군가 율법을 연구하여 그 요체가 무엇인가를 알기 원한다면 ("남을 사랑하는 자는 율법을 다 이루었느니라"[로마서 13:8] 인데) 시편을 읽으면서 어떻게 한 사람이 그에게 속한 온 백성의 부끄러움을 씻어주기 위해 사랑의 힘으로 어떤 위험과 고초를 감수했는지를 보아 답을 얻을 수 있습니다. 그리고 영광스런 사랑의 개선행진을 목도함으로 사랑이 이룰 수 있는 위대함마저 깨닫게 될 것입니다.

또 선지서가 전하고 있는 하나님의 은혜에 대해서는 무슨 말을 해야겠습니까? 선지자들이 수수께끼같이 말할 수밖에 없는 비밀스런 것들을 하나님은 시편기자에게 많은 밝히 드러내 보이시며 분명하게 약속하셨습니다. 바로 주 예수님이 다윗의 후손으로 태어나신다는 약속입니다.

"네 몸의 소생을 네 왕위에 둘지라."[시 132:11]

그렇기에 『시편』 속 예수님은 우리를 위해서 이 땅에 태어나기만 한 것이 아닙니다. 그는 구원을 위한 고난을 그 몸으로 받아들이며, 죽어서 무덤에 누으시고, 죽은 자들 가운데 살아나시며, 하늘에 오르시고, 하나님 아버지의 오른편에 앉으십니다. 어느 선지자도 감히 입을 열어 말하지 못하고, 이후 복음서에서 주님이 친히 말씀하신 것들을 시편기자는 증거하고 있습니다.

* CSEL: 64, 4~7; RDO: 318~319

:: 주님의 선하심을 맛보아 알지어다

콜럼바누스
(Columbanus the abbot, 주후 540~615)

　제가 전하는 말을 들으십시오. 여러분이 반드시 귀 기울여 들어야 할 말입니다. 여러분 영혼의 목마름을 신령한 생명의 근원에서 길어올린 물로 해갈하십시오. 간절함으로 이 말을 전합니다. 여러분의 영혼을 소생시키시되 그 목마름까지 없애지는 마십시오. 제 말은 그 물을 마시되 완전히 해갈하지는 말라는 뜻입니다. 생명의 근원, 즉 사랑의 근원은 이런 말로 우리를 그 곁으로 부르고 있습니다.

　"누구든지 목마르거든 내게로 와서 마시라."[요 7:37]

여러분이 마시는 것이 무엇인지 알고 마시기 바랍니다. 예레미야 선지자가 우리에게, 아니 생명의 근원이 친히 우리에게 이렇게 말씀하는 듯 합니다. "그들이 생수의 근원되는 나를 버린 것이니라…주님의 말씀이니라." 주님 되신 우리의 하나님 예수 그리스도께서 친히 생명의 근원이십니다. 그런 그가 우리가 샘물 곁으로 가까이 나아가듯 자기 곁으로 가까이 나와 마시라고 부르십니다. 그를 사랑하는 자마다 그를 마십니다. 하나님의 말씀으로 충만한 자가 그를 마십니다. 예수님만을 사랑하고 예수님만을 간절히 바라는 이가 그를 마십니다. 지혜에 대한 사랑으로 목 마른 이가 예수님을 마십니다.

이 생수의 근원이 어디에서 나왔는지 생각해 보십시오. 생명의 떡 역시 같은 곳으로부터 나와 우리에게 떨어졌습니다. 동일한 한 분, 즉 독생자시요 우리의 하나님이신 그리스도 우리 주께서 생명의 떡이자 근원이시기에 우리는 그에 대하여 늘 굶주린 자들입니다. 우리가 그를 먹는 것도 다 예수님을 너무 사랑해서이고 또 우리가 그를 벌컥 벌컥 들이켜 마시는 것도 다 그를 향한 목마름에 불타서입니다. 샘물에서 생수를 마시듯 사랑이 충만하여져서 그에게서 생명을 마십시다. 그를 향한 간절한 목마름으로 그를 마시고, 그에게서 맛보는 달콤함과 향긋함으로 만족할지어다.

주님은 달고 만족스러운 분이시니, 그를 먹고 마시되 또한 그를 향하여 여전히 굶주리고 목말라 합시다. 그는 우리의 먹을 음식과 마실 음료이시나 또한 완전히 섭취되어 없어지고 말 그런 음식과 음료가 아니시기 때문입니다. 그를 먹을 수는 있느나 완전히 먹어 없앨 수는 없고, 그를 마실 수는 있느나 완전히 마셔 버릴 수는 없습니다. 왜냐하면 우리의 떡은 영원히 모자람이 없고, 우리의 생수의 근원은 달고 끝없이 샘 솟기 때문입니다. 그래서 이사야 선지자는 외칩니다.

"너희 모든 목마른 자들아 물로 나아오라."[사 55:1]

예수 그리스도는 목이 마르나 결코 만족함을 얻지 못하는 자들에게 생수의 근원이십니다. 그러므로 자신이 주신 다른 것으로 만족함을 얻었으나 여전히 굶주린 자에게 자신을 따르라 부르고 계십니다. 이들은 마셨으나 결코 만족함을 느끼지 못했습니다. 마시면 마실수록 더한 갈증으로 목이 말랐습니다.

높은 곳에서 흘러 내리는 지혜의 근원되는 하나님의 말씀을 사모하고 찾고 사랑하는 것이 마땅합니다. 사도 바울의 말을 빌리자면 "그 안에는 지혜와 지식의 모든 보화가"[골 2:3] 감추어져 있는데, 그런 그가 누군든지 목마른 자들은 자기에게 와서 마시라고 부르십니다.

목이 마르거든 생명의 근원에서 들이키십시오. 배가 고프거든 생명의 떡을 받아 먹으십시오. 이 떡에 굶주리고 이 샘물에 목마른 자들은 복이 있나니, 맛보았기에 더더욱 먹고 마시기를 원함이로다. 그들이 먹고 마시는 것은 더할 나위 없이 달 것이나, 그들의 갈증과 식욕은 그럴수록 더 해져서 결코 만족함이 없을 것이로다. 맛보았으나 그러므로 더 간절히 찾게 됨이로다. 이런 이유로 선지였던 다윗 왕은 이렇게 노래하였던 것입니다.

"너희는 주님의 선하심을 맛보아 알지어다."[시 34:8]

* Opera: 116~118; RDO:392~393

:: 곧 주 예수님이 잡히시던 밤에

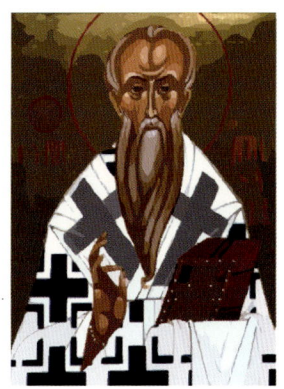

시릴
(Cyril of Jerusalem, 주후 313~386)

"곧 주 예수께서 잡히시던 밤에 떡을 가지사 축사하시고 떼어 이르시되 이것은 너희를 위하는 내 몸이니 이것을 행하여 나를 기념하라 하시고, 식후에 또한 그와 같이 잔을 가지시고 이르시되 이 잔은 내 피로 세운 새 언약이니 이것을 행하여 마실 때마다 나를 기념하라."[고전 11:23~25]

주 예수님이 그 떡에 대해서 "이것은 내 몸이니"하고 친히 말씀하시며 공표하셨는데 그 누가 감히 이에 이의를 제기합니까? 그리고 그 잔에 대해서는 "이것은 내 피이니"하고 친히 말씀하시며 공인하셨는데, 그 누가 이 잔이 그의 피가 아니라고 말하기를 주저하지 않겠습니까?

그러므로 의심의 구름 한 점 없는 확신을 가지고 그리스도의 몸과 피를 나누어 먹고 마십시다. 여러분에게 떡의 형체로 주어진 것은 주님의 몸이요, 포도주의 형체로 주어진 것은 주님의 피입니다. 그리스도의 몸과 피를 나누어 먹고 마심으로 여러분은 그와 똑같은 몸과 피를 나누어 가질 것입니다. 우리 몸 구석마다 그리스도의 몸과 피가 스며들면서 우리 안에 그를 모셔 들이게 됩니다. 베드로의 표현을 빌어 "신성한 성품에 참여하는 자"[벧후 1:4]가 되는 것입니다.

어느 날 유대인들과 담론하고 계시던 그리스도께서 말씀하셨습니다.

"인자의 살을 먹지 아니하고 인자의 피를 마시지 아니하면 너희 속에 생명이 없느니라."[요 6:53]

그의 말을 영적으로 해석하지 않고 문자적으로 해석한 그 유대인들은 그 말에 걸려 넘어져 그를 떠나고 말았습니다. 사람의 살을 먹으라는 뜻으로 이해한 것이었습니다.

구약성경에도 진설병이라는 떡이 있긴 했습니다. 하지만 구약성경이 지닌 제한성 안에 이 떡도 제한성을 지니고 있었습니다. 신약성경에서 비로소 몸과 영을 다 성결케 하는 하늘로부터 내려온 떡과 구원의 잔이 소개됩니다. 떡이 우리의 몸과 관련 있듯이, 하나님의 말씀은 우리의 영에 상응합니다.

그러므로 주님이 친히 자신의 몸과 피라고 선언한 떡과 포도주를 그저 눈에 보이는 대로 판단하지 않도록 합시다. 비록 우리 눈에는 보이는 그대로 떡과 포도주로 보인다 할 지라도 믿음 가운데 스스로를 단단히 붙듭시다. 혀에 전해지는 맛으로 그저 떡과 포도주라 평가하지 말고, 믿음으로 한 점 마음의 의혹 없는 확신 가운데 그리스도의 몸과 피로 받읍시다.

이런 것들을 배워 깨우침으로 비록 눈에는 떡으로 보이고 혀에는 떡 맛이 느껴질지라도 그리스도의 몸임을 전적으로 확신하게 되는 것입니다. 비록 눈에는 포도주로 보이고 혀에는 포도주로 맛보아져도 그리스도의 피임을 전적으로 확신하게 되는 것입니다. 옛적에 다윗은 이렇게 노래하였습니다.

"…사람의 얼굴을 윤택하게 하는 기름과 사람의 마음을 힘있게 하는 양식을 주셨도다."[시 104:15]

그렇다면 저는 이 구절에 근거해서 여러분에게 떡과 포도주를 영적으로 먹고 마시면서 '여러분의 마음을 힘있게' 하고 '여러분의 영의 얼굴을 윤택하게' 하라 권하고 싶습니다. 그리고 여러분 모두가 가리개를 벗은 깨끗한 양심으로 떡과 포도주를 받아 "거울을 보는 것 같이 주의 영광을 보매"[고후 3:18] 그리스도 예수 우리 주님 안에서 영광으로부터 나와 영광에까지 이르기를 축원합니다. 그리스도 예수 우리 주님께 존귀와 위엄과 영광이 세세 무궁토록!

* SC 126:134~145; RDO:182~183

:: 초대교회의 일요일 모임과 성찬식

유스티누스
(Iustinus of Caesarea, 주후 103~165)

우리가 가르치고 전하는 것을 진리로 믿지 않는 사람들, 죄사함을 위해 거듭남을 주는 세례의 물에 씻기우지 않은 사람들, 그리스도가 우리에게 주신 법도를 따라 살지 않는 사람들은 우리와 함께 성찬에 참여하지 말아야 할 것입니다.

우리는 성찬용 떡과 포도주를 평범한 음식과 음료로 먹고 마시지 않습니다. 우리의 구원자이신 예수 그리스도께서 하나님의 말씀이 지닌 능력을 힘입어 살과 피를 지닌 인간이 되셨고, 그렇기에 우리의 살과 피에 양분을 공급하기 위해 섭취하는 음식이 또한 예수 그리스도께서 드리는 감사기도에 실린 그의 말씀이 지닌 능력을 힘입어 성육하신 예수 그리스도의 살과 피가 되는 것입니다.

사도들은 오늘날 복음서라 불리는 그들의 회상록에다 예수님이 그들에게 이르신 명령들을 담아 우리에게 전해 주었습니다. 그 가운데 기록되어 있기를 예수께서 떡을 가져 감사 기도 하시고 떼어 그들에게 주시며 "이것은 너희를 위하여 주는 내 몸이라. 너희가 이를 행하여 나를 기념하라"[눅 22:19]고 이르셨습니다. 또 잔을 가지고도 그와 같이 하여 "이 잔은 내 피로 세우는 새 언약이니"[눅 22:20]라고 이르셨습니다. 주님은 이 명령을 사도들에게만 주셨습니다. 이후로는 우리가 이를 잊지 않도록 서로에게 계속해서 일러주고 있습니다. 우리 가운데 부유한 자들은 가난한 자들을 도우면서 우리는 계속해서 연합을 지켜오고 있습니다. 우리가 받은 모든 것으로 인해 우리는 독생자 예수 그리스도와 성령님을 의지하여 온 만물의 창조자를 찬양하고 있습니다.

일요일에는 도시와 외곽 지역을 막론하고 각처에서 모여든 회중들이 한 자리에 모입니다. 시간이 허락되는 만큼 사도들이 전해준 복음서와 선지자들의 글이 읽혀집니다. 대표 낭독자가 읽기를 마치면 회중의 대표가 성경 낭독을 통해 전해 들은 신앙의 예들을 본받으라고 호소합니다. 그러면 회중은 모두 일어서서 합심하여 기도합니다.

기도가 끝 맺어지면서 떡과 포도주와 물이 앞으로 내어져 나옵니다. 대표자는 기도하고 기회를 봐서 감사 기도를 더불어 드립니다. 그러면 회중은 "아멘"으로 화답합니다. 성찬이 나누어지면 그 자리에 있는 모든 이들이 받아 먹고 마시고, 집사들은 그 자리에 없는 사람들의 몫을 떼어 놓습니다.

경제적 여유가 있는 사람들 중에 원하는 사람들은 할 수 있는 만큼 기부합니다. 그렇게 모아진 기부금과 물품은 회장의 관리 하에 모아졌다가 고아와 과부 그리고 병들었거나 감옥에 갇혔거나 아니면 멀리 집을 떠나 있는 등 어떤 연유에서든 곤란한 처지에 있는 사람들을 돕는 데 사용됩니다. 즉 회중의 대표는 도움이 필요한 사람들을 돌보는 사람입니다.

우리가 일요일에 전체 회중 모임을 갖는 것은 이 날이 바로 일주일의 첫 시작으로, 이 날에 하나님이 암흑과 혼돈을 몰아내시고 세상을 창조하셨기 때문이고, 또 이 날에 우리의 구원자 예수 그리스도께서 죽은 자들 가운데 일어나셨기 때문입니다. 예수 그리스도께서 금요일에 십자가에 달리셨다가 일요일에 그의 사도들과 제자들에게 나타나 오늘날 여러분에게 기억하고 지키라고 전해진 것들을 그들에게 가르쳐 주셨습니다.

* PG 6:427~431; RDO:192~193

:: 다음과 같이 성찬식을 행하라

『디다케』 중에서

다음과 같이 성찬식을 행하라.

잔을 놓고 이렇게 말하라.

"아버지여, 당신께서 당신의 종 예수 그리스도를 통하여 우리에게 알게 하신 당신의 종 다윗의 거룩한 포도로 인해 감사를 드립니다."

떼어진 떡을 놓고 이렇게 말하라.

"아버지여, 당신께서 당신의 종 예수 그리스도를 통하여 우리에게 드러내신 생명과 지혜로 인해 감사를 드립니다. 아버지여, 영원토록 영광을 받으소서! 영광과 권세가 예수 그리스도로 말미암아 아버지께 영원히 속하였으니, 사방으로 흩어진 이 떡이 다시 모여들어 하나가 되듯이, 당신의 교회가 세상 끝에서부터 당신의 나라로 모여들지어다."

주님의 이름으로 세례 받은 자들이 아니고서는 누구도 성찬식에서 먹고 마시지 못하도록 하라. 주님이 다음과 같이 말씀하신 것이 이 경우를 위함이다.

"거룩한 것을 개에게 주지 말라."[마 7:6]

떡과 포도주를 먹고 마신 뒤에는 다음과 같이 감사의 기도를 드려라.

"거룩하신 아버지여, 우리 마음에 놓아 두신 당신의 이름으로 인하여 감사 드립니다. 당신의 종 예수를 통하여 우리에게 드러내신 지혜와 믿음과 영생으로 인하여 감사 드립니다. 아버지여, 영원토록 영광을 받으소서! 전능하신 통치자시여, 당신께서는 당신의 이름을 위하여 모든 것을 지으셨고, 우리에게 먹고 마시며 즐길 음식과 음료를 주셔서 우리로 당신께 감사토록 하셨습니다. 지금은 당신의 종 예수를 통하여 영생을 주는 영의 음식과 음료로 우리들을 은혜를 베풀어 주셨습니다. 무엇보다 당신의 전능하심으로 인해 감사를 드립니다. 아버지여, 영원토록 영광을 받으소서!"

"주님, 당신의 교회를 기억하시고 모든 악으로부터 구하소서. 당신의 사랑으로 교회를 흠 없이 온전케 하소서. 이제 거룩케 하셨으니, 세상의 네 귀퉁이로부터 불어오는 바람에 당신의 교회를 실어 당신께서 위해 예비해 두신 나라로 모으소서. 권세와 영광이 주님께 영원히 속하였나이다."

"은혜는 흐르고, 이 세상은 지나가고 말리라! 다윗의 하나님께 "호산나 우리를 구원하소서" 하고 외칠지어다! 거룩한 자마다 오라! 거룩하지 않은 자마다 회개하라! 마라나타, 주 예수여 오시옵소서. 아멘."

주님의 날을 맞이하여 함께 모이거든 떡을 떼고 성찬식을 행하라. 하지만 그 전에 먼저 너희의 죄를 고백함으로 너희 손으로 드리는 제물에 흠이 없도록 해라. 너희 중에 누군가 이웃과 다툼을 벌였거든, 그 사람은 이웃과 화해하기 전에는 성찬식에 참여해서는 안된다. 너희가 드리는 제물이 더럽혀져서는 안되기 때문이다. 이에 대해 주님이 이렇게 말씀하셨다.

"각처에서 내 이름을 위하여 분향하며 깨끗한 제물을 드리니 이는 내 이름이 이방 민족 중에서 크게 될 것임이니라."[말 1:11]

* Didache 9:1~10; RDO:355~356

『디다케』는 주후 1세기 말 혹은 2세기 초에 그리스어로 제작된 교회 문서로, 첫 문구가 '이방민족을 위해 12사도들을 통해 전달된 주님의 가르침'으로 시작되는 것에 연유해서 우리말 '가르침'에 해당하는 그리스어 '디다케'로 불린다. 내용은 세 부분으로 나뉘어져 있으며, 세례식과 성찬식 그리고 교회 조직이다.

:: 오, 이 좋은 성체聖體!
   오, 이 하나됨의 상징!
   오, 이 사랑의 굴레!

어거스틴
(Augustine of Hippo, 주후 354~430)

"나는 하늘에서 내려온 살아있는 떡이니…"[요 6:5]를 풀어쓰면, "나는 하늘에서 내려왔기 때문에 "살아있는" 떡이다." 만나 역시 하늘에서 내렸습니다. 하지만 만나는 살아있는 이 진짜 떡의 그림자일 뿐입니다.

"…사람이 이 떡을 먹으면 영생하리라. 내가 줄 떡은 곧 세상의 생명을 위한 내 살이니라."[요 6:51]

주님이 자기 살을 떡이라 부르고 계시는데, 이를 세상 사람들이 어찌 받아들일 수 있단 말입니까? 주님이 누구도 도저히 알지 못하는 그런 '살'에 대해 말씀하고 계시고, 그러한 이유 때문에 더더욱 사람들은 그 '살'이 도대체 어떤 것인지 이해하지 못하고 있습니다. 그래서 그들은 바짝 얼어 붙었습니다. 그리고 주님이 하신 말이 감당하기엔 너무 벅차다고 토로합니다. 상식적으로 도저히 납득이 안 간다는 것입니다. 세상의 생명을 위한 자기 살이라니…

그리스도의 몸이 되기를 거부하지 않는 그런 믿는 자들이라면, 그의 몸이 무엇을 뜻하는지 알고 있습니다. 믿는 자들이여, 그리스도의 영으로 살기 바란다면 그리스도의 몸이 되십시오. 그리스도의 영으로 사는 자들이 그 누구도 아닌 바로 그리스도의 몸입니다.

제가 하고 있는 말의 진의를 제대로 파악하시기 바랍니다. 여러분은 인간입니다. 즉 영과 몸을 지닌 인간입니다. 인간은 영혼과 몸으로 이루어져 있기에, 여기서 '영'이라 함은 인간을 인간되게 하는 '영혼'을 뜻하는 것입니다. 그렇기에 여러분은 눈으로 보이지 않는 영과 보이는 육을 가지고 있습니다.

그렇다면 이 둘 중에서 어느 쪽으로 인해 다른 쪽이 살게 되는지 답해 보십시오. 바꾸어 말해서 여러분의 몸으로 인해 영이 살고 있습니까? 아니면 여러분의 영으로 인해 몸이 살고 있습니까? 살아있는 사람이라면 답할 수 있습니다. 만약 답할 수 없다면 그 사람이 살아있는지조차 의심스럽습니다. 살아있는 사람이 선택할 할 답은 어느 쪽입니까? 당연히 "영으로 인해 몸이 살고 있다"는 대답입니다.

여러분이 그리스도의 영으로 사는 자들이라면 그리스도의 몸 속에 거하십시오. 저의 몸이 당신의 영으로 인해 살지 않습니다. 제 몸은 제 영으로 살고 당신의 몸은 당신의 영으로 사는 것입니다. 그러니 그리스도의 몸은 오직 그리스도의 영으로만 삽니다.

그래서 사도 바울은 이 떡에 대해 강론하면서 이렇게 가르쳤습니다.

"몸은 하나인데 많은 지체가 있고 몸의 지체가 많으나 한 몸임과 같이 그리스도도 그러하니라."[고전 12:12]

오, 이 좋은 성체! 오, 이 하나됨의 상징! 오, 이 사랑의 굴레! 호흡이 있는 자마다 생명의 근원이 어디서 나는지 알지어다. 그 근원 가까이로 와 믿으라! 그 근원의 일부분이 되어라. 그리하면 살게 될 것이라. 이 몸을 이루는 다른 지체들과의 친밀한 연합으로부터 도망치지 마라. 이 몸에서 도려내야 할 썩은 지체가 되지 마라. 부끄러움을 당할 불구의 지체가 되지 마라.

몸에 어울리는 쓸모있고 건강한 지체가 되어라. 그리스도의 몸에 단단히 붙어 있으라. 하나님에 의해 하나님을 위해 살아라. 지금 지상에서 일하거든 이후에 천상에서 통치하리라.

* CCL 36:266~267; RDO:335~336

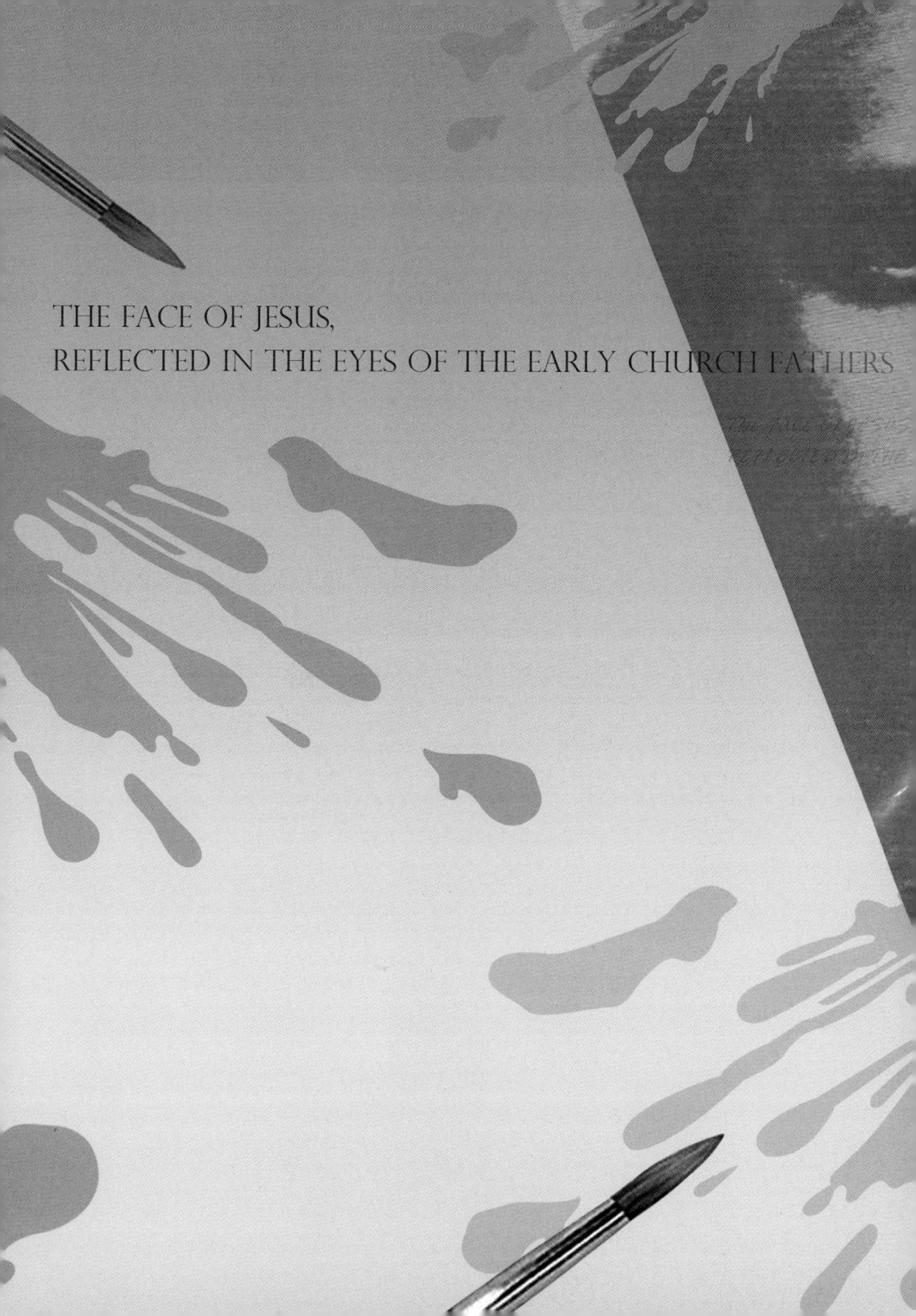

THE FACE OF JESUS,
REFLECTED IN THE EYES OF THE EARLY CHURCH FATHERS

제4장
결혼·공동체

"하나님께서 아담의 옆구리에서 갈비뼈 하나를 취해
 여자를 만드셨듯이,
 그리스도의 옆구리에서 쏟아진 물과 피로 교회를
 만드셨습니다."

[그림 5] 시리아에 있는 자그바 수도원의 서기관이었던 라불라에 의해 586년에 엮어진 『라불라 복음서』에 삽입되어 있는 예수 그리스도의 '십자가 죽음'(상)과 '부활'(하)을 묘사한 채색화. 십자가 죽음을 묘사한 상단 그림에서 예수님을 구도적으로 중앙 최상단에 배치한데다 그 몸에 걸치고 있는 옷을 왕권을 상징하는 보라색으로 채색함으로 그의 죽음을 승리의 의미로 해석하고 있다. 하단 그림에서 부활하신 예수님의 옷을 천사와 같은 흰색으로 채색함으로 하늘에 속한 신분을 강조하고 있다. 보라색 옷을 걸치고 십자가에서 죽으신 예수님이 흰옷을 입고 어디론가 향하고 있는 이와 동일한 인물이라는 증거가 있는가? 머리 뒤에 미치는 동일한 후광과 또한 똑같은 복장과 후광을 지니고 두 사건을 목격하고 있는 마리아로 추정되는 여자 증인 하나가 증거가 된다.

:: 곧 피와 물이 나오더라

요한 크리소스톰
(John Chrysostom of Constantinople, 주후 347~407)

그리스도의 보혈이 지닌 능력을 진정으로 이해하려면 앞서 구약시대 이집트에서 일어난 징후를 먼저 살펴봐야 합니다. 모세가 명하였습니다.

"흠 없는 어린 양을 잡고 그 피를 문설주에 뿌려라."[출 12:1~10 참조]

도대체 무슨 의도로 그렇게 하라 한 것인지, 어떻게 이성 없는 한낱 동물의 피가 이성을 지닌 인간을 구할 수 있는지 모세에게 묻는다면, 아마도 그는 그 동물의 피 자체에 인간을 구원하는 능력이 있는 것이 아니라 그 피가 상징으로 가리키고 있는 실체인 주님의 보혈에 구원의 능력이 있다고 답했을 것입니다.

그래도 계속해서 어린 양의 피가 지닌 구원의 능력에 대한 또 다른 증거를 원한다면, 이 피가 과연 어디에서 흘러 나왔는지, 어떻게 우리 주님의 옆구리에서 흘러 나와 십자가를 타고 뚝뚝 떨어졌는지 기억하십시오. 복음서에 기록되어 있기를 그리스도께서 죽어 그 몸이 십자가에 채 달려있을 때 한 로마 병사가 와서 창으로 그의 옆구리를 푹 찌르자 곧 물과 피가 쏟아졌다고 했습니다. 그의 옆구리에서 쏟아진 물은 세례를 상징하고, 피는 성찬을 상징합니다. 그 병사가 주님의 옆구리를 찔러 거룩한 하나님의 성전의 벽에 구멍을 내었고, 그 구멍에서 저는 고귀한 보물을 발견하고는 제 것으로 취하였습니다. 어린 양의 경우도 이와 마찬가지입니다. 유대인들이 그 희생제물을 잡았고, 저는 그로 인해 죽음을 피하게 되었습니다.

"곧 피와 물이 나오더라."[요 19:34]

사랑하는 자들이여, 이 신비 속에 숨겨진 또 다른 깊은 뜻을 이제 말씀드리려 하니 그냥 흘려 듣지 않기를 바랍니다. 물과 피는 각각 세례와 성찬을 상징한다고 앞서 말씀드렸습니다. 두 성례를 거치면서 교회가 태어납니다. '중생의 씻음과 성령의 새롭게 하심'이 일어나는 세례가 하나요, 성찬이 나머지 하나입니다. 세례와 성찬의 성례가 모두 주님의 옆구리에서 흘러 나왔으니, 그리스도께서 아담의 옆구리에서 하와를 만드셨던 것처럼 자신의 옆구리에서 친히 교회를 만드신 것입니다. 모세가 인류 첫 남자의 이야기를 구전口傳하면서 그 남자가 지른 탄성 속에 이미 이를 암시 해 두었습니다.

"이는 내 뼈 중의 뼈요 살 중의 살이라!"[창 2:23]

하나님이 아담의 옆구리에서 갈비뼈 하나를 취해 여자를 만드셨듯이, 그리스도의 옆구리에서 쏟아진 물과 피로 교회를 만드셨습니다. 하나님이 아담이 잠들어 있는 동안 그의 갈비뼈를 취했다면, 마찬가지로 그리스도께서 죽음으로 잠들어 있을 동안 그 피와 물을 취하셨습니다.

그렇다면 이제 그리스도께서 어떻게 자신을 드리심으로 자신의 신부와 연합하셨으며, 무엇으로 그의 신부된 우리에게 먹을 양식을 주시는지도 이해하시겠습니까? 그로 말미암아 우리는 탄생하였고, 그 자신께서 친히 우리의 양식이 되십니다. 어미가 제 자녀를 제 몸에서 나오는 피와 우유로 친히 수유하듯이, 그리스도께서는 자신이 친히 생명을 준 자들에게 자신의 피로 일용할 양식을 쉼 없이 공급하십니다.

*SC 50:174~177; RDO:196

:: 네게 말하는 그가 내라

어거스틴
(Augustine of Hippo, 주후 354~430)

"한 여인이 물을 길으러 왔습니다."[요 4:7] 여자는 아직 의롭게 되지 못했으나 곧 그렇게 될 교회의 상징입니다. 의로움은 대화의 뒤를 밟고 따라오는 법입니다. 여자는 생각지도 않게 그리스도를 만났고, 두 사람은 곧 대화 속으로 빠져 들어갔습니다. 이제 이 이야기가 말하려는 바가 무엇인지, 왜 '사마리아 여자 한 사람이 물을 길으러 왔는지' 헤아려 보도록 합시다. 사마리아 사람들은 유대인들과 사회적으로 어울리지 않았습니다. 즉 유대인들에게 있어서 그들은 한낱 이방인입니다. 여자는 교회를 상징하기에, 그녀가 이방인이라는 사실은 분명 어떤 상징적 의미를 지니고 있습니다. 바로 교회의 출신 배경은 유대인이 아닌 이방인이라는 의미입니다(즉 죄인이라는 의미입니다).

제4장 | 결혼·공동체

그렇다면 여자의 말과 모습 속에서 우리 자신을 발견하는 것이 마땅하고, 또한 여자와 함께 하나님께 감사를 드려야 합니다. 사마리아 여자는 실체가 아닌 상징이었습니다. 즉 여자는 무언가의 그림자였고, 그 무언가는 곧 그 모습을 드러내려던 참이었습니다. 여자는 그리스도에 대한 믿음을 갖게 되었습니다. 그리스도는 여자를 상징으로 삼아 앞으로 우리에게 다가 올 실체에 대해 가르치셨습니다. 여자는 와서 물을 길으러 했습니다. 남들 다 하듯 그저 물을 길으러 왔던 것 뿐입니다.

> "…예수께서 물을 좀 달라 하시니 이는 제자들이 먹을 것을 사러 그 동네에 들어 갔음이러라 사마리아 여자가 이르되 당신은 유대인으로서 어찌하여 사마리아 여자인 나에게 물을 달라 하나이까 하니 이는 유대인이 사마리아인과 상종하지 아니함이러라."[요 4:7~9]

사마리아 사람들은 이방인이었습니다. 그래서 유대인들은 그들이 사용하는 기구조차 전혀 사용하지 않았습니다. 여자는 물을 긷는 데 사용하는 들통을 손에 들고 있었습니다. 여자는 유대인 남자가 자신에게 마실 물을 달라 부탁하는 것에 놀라지 않을 수 없었습니다. 일어나지 않을 일이 일어난 것입니다. 하지만 마실 물을 달라 부탁하신 이가 정작 목말라 했던 것은 여자의 '믿음'이었습니다.

계속해서 더 들어보면서 무슨 마실 것을 달라고 부탁하시는지 살펴봅시다.

> "예수께서 대답하여 이르시되 네가 만일 하나님의 선물과 또 네게 물 좀 달라

하는 이가 누구인 줄 알았더라면 네가 그에게 구하였을 것이요 그가 생수를 네게 주었으리라."[요 4:10]

예수님은 마실 것을 달라고 구하면서 또한 동시에 마실 것을 약속하고 계십니다. 예수님은 뭔가 필요한 것이 있기에 그것을 얻으려 부탁하고 있지만, 동시에 부유한 존재이시기에 다른 이들이 목말라 찾는 것을 주어 해갈해 주려 하십니다. "네가 만일 하나님의 선물을 알았다면" 하고 말하십니다. 하나님의 선물은 성령님이십니다. 그렇지만 여전히 수수께끼 같은 말을 여자에게 되풀이하며 점점 더 깊이 여자의 마음 속으로 들어가고 계십니다. 아니면 이미 여자에게 뭔가를 가르치고 계신가요?

"…네가 만일 하나님의 선물과 또 네게 물 좀 달라 하는 이가 누구인 줄 알았더라면 네가 그에게 구하였을 것이요 그가 생수를 네게 주었으리라."[요 4:10]

더이상 어떻게 더 자애롭게 여자를 위로하고 격려할 수 있단 말인가요?

"진실로 생명의 원천이 주께 있사오니…"[시 36:9]

하고 성경에서 말하고 있는 이 생수되신 분이 자신 아닌 다른 생수를 주시겠습니까? "주의 집에 있는 살진 것으로 풍족할"[시 36:8~9] 자들이 어찌 배고픔을 느끼겠습니까?

예수님이 풍족함 가운데 만족게 해 주실 성령님을 약속하고 계십니다. 하지만 여자는 아직 이해하지 못하고 있습니다. 그 참 뜻을 헤아리지 못하는 중에 여자가 이렇게 대답합니다.

"주여 그런 물을 내게 주사 목마르지도 않고 또 여기 물 길으러 오지도 않게 하옵소서."[요 4:15]

목마름이 여자를 고단히 일하게 만들었고, 그 고단함이 여자를 지치게 만들었습니다. "수고하고 무거운 짐 진 자들아 다 내게로 오라 내가 너희를 쉬게 하리라"[마 11:28] 하는 이 말을 여자가 들었더라면… 지금 예수님이 여자의 고된 노동에 종지부를 찍어 주시고자 바로 이 말을 하고 계시는데, 여자는 아직 알아듣지 못하고 있습니다.

* CCL 36:154~156; RDO:338~339

:: 내가 비록 검으나 아름다우니

오리겐
(Origen of Alexandria, 주후 185~254)

"예루살렘 딸들아 내가 비록 까뭇하나^{dark} 아름다우니 게달의 장막 같을지라도 솔로몬의 휘장과도 같구나."[아 1:5] 다른 사본에는 "내가 비록 '검으나' ^{black}아름다우니…"라고 옮겨져 있습니다.

신부된 여자가 말할 차례가 되었는데, 자기와 함께 자란 같은 고향 출신의 오랜 벗된 처녀들에게 말하고 있지 않고 예루살렘의 처녀들에게 말하고 있습니다. 이들이 이방인 신부에 대해 추하다고 얕잡아 말하자 신부가 그에 대해 대꾸하고 있는 것입니다.

"그래 예루살렘의 딸들아, 내 피부색이 말해주고 있듯이 나는 정말 까맣지 ^{dark}(혹은 검지[black]). 하지만 내 속사람의 모습을 본다면 나는 아름다운 사람이

란다. 큰 민족인 '게달의 장막', 즉 이스마엘의 자손들은 피부가 검지. '게달'이라는 이름 자체가 '검은' 혹은 '까뭇한'이라는 뜻이듯 말이야.[창 17:20; 대상 1:29 참조] 솔로몬의 휘장도 마찬가지로 검은색이지. 하지만 그 휘장이 검다고 해서 누구도 위대한 왕이 누릴 영광에 누가 된다고 생각하진 않잖아. 그러니 예수살렘의 딸들아, 내 피부색을 가지고 창피를 주지 마렴. 내게 타고난 아름다움이 없는 것도 아니고, 또 그동안 가꾸어 온 아름다움이 없는 것도 아니잖니."

이 대화의 내막을 여기까지 살펴보았는데, 이는 어디까지나 겉으로만 드러난 내용입니다. 그러니 이제 더 깊은 곳에 놓인 영적인 의미를 파헤쳐 봅시다. 여기서 화자話者로 등장하는 신부는 이방인들이 모여 이루는 '교회'를 상징합니다. 그리고 신부의 말을 듣고 있는 예루살렘의 딸들은 "복음으로 하면 그들이 너희로 말미암아 원수된 자요 택하심으로 하면 조상들로 말미암아 사랑을 입은 자"[롬 11:28] 입니다. 그렇기에 그들은 이방인들의 교회를 보면서 그 천한 태생을 흠잡아 멸시하고 힐난하는 이 땅의 예루살렘의 딸들입니다. 자신들과 같이 아브라함과 이삭과 야곱의 선택받은 피를 받지 못한 이 신부를 볼 때 그들 눈에는 그 태생부터가 천해 보이는 것입니다. 자기 민족과 가족을 다 버리고 그리스도에게 시집온 자로 보이는 것입니다.

'교회'인 신부는 자기 조상으로부터 천한 태생을 물려받은 사실을 알고 있고, 또 그것 때문에 예루살렘의 딸들이 모세의 가르침도 받지 않고 깨우치지 못한 미개인이라는 이유로 자신을 '검다'며 흉보는 사실도 알고 있습니다. 그래서 그 흉에 이렇게 답하고 있는 것입니다.

"그래 예루살렘의 딸들아, 나는 실제로 검기에 내게 고귀한 피가 흐른다고 내세울 수도 또 모세가 전해준 율법의 깨우침을 받았다고 내세울 수도 없구

나. 하지만 나도 너희와 같은 고유한 아름다움을 간직하고 있으니, 그것은 바로 나를 지으신 창조주 하나님의 모습을 닮은 '하나님의 형상'이라는 원초적인 아름다움이지. 그리고 이제 '하나님의 말씀'에게 시집와서 그 아름다움을 받았구나. 나의 검은 피부색 때문에 너희는 나를 게달의 장막이나 솔로몬의 휘장과 비교하지만, 그 게달조차 아브라함의 서자(庶子)인 이스마엘의 아들이고 또한 이스마엘이라고 해서 그 아비의 축복을 전혀 못 받은 것은 아니잖니. 너희는 나를 솔로몬의 휘장같다고 했지만, 그 휘장이야말로 하나님의 성막에 사용된 휘장이야.

예루살렘의 딸들아, 너희들이 나의 검은 피부를 가지고 창피를 주려 한다는 사실이 놀라울 뿐이구나. 그러니 흑인 이방인 여자를 아내로 맞았다며 모세에게 반대하고 대들었던 여동생 미리암이 어떤 고초를 겪었는지에 대해 기록한 모세의 글을 너희는 그렇게 까마득히 기억 못하는 것인가? 그 모세의 여자가 가리키는 원래 대상이 바로 나였다는 사실을 깨닫지 못하는 것인가? 내가 바로 그 흑인 여자란다. 하지만 하나님의 아들을 내 안에 모시고 육신이 되신 말씀을 받아 '하나님의 형상'이요, '모든 피조물 보다 먼저 나신 이'요, 또 '하나님의 영광의 광채시요, 그 본체의 형상'이신 그에게로 시집와서 이제 이렇게 온전해지게 되었지. 그래서 비록 천한 핏줄에서 검게 태어났지만, 참회와 믿음을 통해서 아름다워졌단다. 그런데 어째서 너희들은 죄로부터 돌아선 사람에게 그렇게 모욕을 줄수 있단 말이니? 그것은 모세의 율법이 전반에 걸쳐 금하고 있는 것이 아닌가? 율법의 영광 속에 들어와 있다면서 어떻게 도리어 율법을 어기고 있는지?"

* GCS 33:113~114; RDO:15~16

:: 내 사랑하는 님을 깨우고 거듭 깨워다오

암브로시우스
(Ambrosious of Milan, 주후 337~397)

　우리는 하나님의 지혜를 우리 마음과 입술에 담아두고 쉼 없이 묵상해야 합니다. 하나님의 율법을 여러분의 가슴 속에 넣어두고 여러분의 혀로 공의를 말하게 하십시오. 성경이 우리에게 "집에 앉았을 때에든지 길을 갈 때에든지 누워 있을 때에든지 일어날 때에든지 이 말씀을 강론"[신 6:7] 하라고 명하고 있습니다. 주 예수님이 하나님의 지혜요, 말씀이요 또한 참 말씀이시기에, 그를 입술에 담아 말하도록 합시다.

　성경에 또한 "내 입술을 열어 주소서, 내 입이 주를 찬송하여 전파하리이다"[시 51:15]라고 기록되어 있습니다. 말씀이신 그리스도는 그의 가르침을 되뇌이고 묵상하는 자들에 의해 들려집니다. 하나님의 말씀을 계속해서 말합시다. 우리가 지혜에 대해서 말할 때 그리스도에 대해서 말하는 것입니다. 우리가 신앙의 덕목에 대해서 말할 때 그리스도에 대해서 말하는 것입니다. 우리가 평강에 대해서 말할 때 그리스도에 대해서 말하는 것입니다. 우리가 진리와 생명과 구속에 대해서 말할 때 그리스도에 대해서 말하는 것입니다.

성경이 "내 입술을 열어 주소서, 내 입이 주를 찬송하여 전파하리이다"[시 51:15]라고 말합니다. 입을 벌리는 이는 여러분이고, 귀에 들려지는 이는 그리스도입니다. 그래서 다윗이 "내가 하나님 여호와께서 하실 말씀을 들으리니"[시 85:8]라고 읊조렸습니다. 하나님의 독생자께서 "네 입을 크게 열라 내가 채우리라"[시 81:10]고 말씀하셨습니다. 모든 사람이 솔로몬이나 다니엘처럼 지혜의 정상에 오르는 것은 아니지만, 지혜의 영을 모든 성도들에게 각자 그릇의 크기대로 부어주셨습니다. 그런즉 믿으면 이 지혜의 영을 받은 것입니다.

그러니 하나님과 관련된 일들을 종일 묵상하다가 '집에 앉았을 때' 말하십시오. 집은 교회일 수도 있고 우리들만의 비밀스런 장소일 수도 있습니다. 즉 우리 가까이에 있는 사람들에게 말하라는 것입니다. 말하되 분별있게 말하십시오. 그래서 죄에 빠지는 일이 없어야 합니다. '길을 갈 때' 말하십시오. 그렇게 해서 언제든지 하릴 없이 시간을 낭비하지 마십시오. 그리스도께서 '길'이 되시기에, 그리스도 안에서 말을 한다면 그것이 곧 길을 가는 중에 말하는 것입니다. 길을 걸어갈 때 여러분 자신에게 말씀하십시오. 곧 그리스도에게 말씀하십시오. 그리고 당신에게 말씀하시는 그의 음성을 들으십시오.

"그러므로 각처에서 남자들이 분노와 다툼이 없이 거룩한 손을 들어 기도하기를 원하노라."[딤전 2:8]

여러분이 누워 있을 때 죽음의 잠이 슬며시 여러분에게 기어 들어오지 않도록 말하십시오. 여러분이 누울 때 어떻게 말해야 하는지 듣고 배우십시오.

"내 눈으로 잠들게 하지 아니하며 내 눈꺼풀로 졸게 하지 아니하기를 여호와의 처소 곧 야곱의 전능자의 성막을 발견하기까지 하리라."[시 132: 4~5]

여러분이 잠자리에서 일어날 때 그리스도를 말하십시오. 그래서 여러분에게 주신 명을 이루십시오. 그리스도께서 어떻게 여러분을 잠에서 깨우시는지 듣고 배우십시요. 여러분의 영이 그에게 이렇게 속삭입니다.

"…나의 사랑하는 자의 소리가 들리는구나…."[아 5:2]

그러자 그리스도께서 화답하십니다.

"…나의 누이, 나의 사랑, 나의 비둘기, 나의 완전한 자야 문을 열어 다오…."[아 5:2]

여러분이 그리스도를 어떻게 잠에서 깨워야 할지 듣고 배우십시오. 여러분의 영이 이렇게 말합니다. "예루살렘의 아가씨들아, 내 사랑하는 님을 깨우고 거듭 깨워다오." 그리스도가 바로 그 사랑하는 님이십니다.

* CSEL 64:123~125; RDO:111~112

:: 기도하며 고대해 왔던 광경

유세비우스
(Eusebius of Caesarea, 주후 263~339)

전능자 하나님께, 온 세상을 다스리시는 왕께 그가 주신 온갖 좋은 선물들로 인해 영광을 돌립시다. 우리가 누리는 이 평강이 영원히 요동치 않고 보존되도록 기도하시는 예수 그리스도, 우리의 구원자시요 또한 구속자에게 감사를 드립시다. 이 평강이 우리 마음속 근심과 소란뿐 아니라 외부로 부터 밀려오는 모든 어려움으로부터 우리를 안전하게 지켜줄 것입니다. 구름이 드리우는 한점 그림자조차 없는 오늘 이 밝고 화창한 날에 하늘로부터 내리는 빛이 온 세상에 흩어져있는 그리스도의 교회들 위에 비추니, 그리스도의 몸 된 공동체 밖에 있는 자들조차 비록 우리와 같은 마음으로 기뻐하지 않았을지라도 하나님이 우리에게 베풀어 주시는 그 축복의 일부나마 받아 누렸습니다. 그리스도 안에 소망을 두는 우리 각 사람, 각 사람의 얼굴마다 형언 못할 기쁨과 천상의 행복으로 빛났습니다. 얼마 전만 하더라도 악덕한 통치자들에 의해 황폐되었던 이곳저곳에 마치 오래도록 지독히 괴롭히던 병에서 회복된 것처럼 생명이 돌아오는 곳을 우리는 보았습니다. 교회는 다시 한 번 땅을 딛고 높이 솟아 올라 이전에 초토화되었던 것을 기억할 수 없을 만큼 영화롭고 장엄한 모습으로 서 있었습니다.

우리가 고대해 왔던 광경이 오늘 눈 앞에 펼쳐졌으니, 바로 도시마다 새롭게 세워진 예배 처소를 하나님께 바치는 봉헌식과 헌당식입니다. 이를 위해 주교들이 모임을 갖고 먼 곳에서 찾아온 이들이 한 자리에 모였는데, 서로 다른 지역에서 왔으나 그리스도의 몸 안에서 아름답게 연합된 지체들이기에 서로를 넘치는 온정으로 맞았습니다. 비유와 상징을 사용하여 선포되었던 다른 예언들이 틀림없이 성취되었듯이, "이 뼈, 저 뼈가 들어 맞아 뼈들이 서로 연결되더라"[겔 37:7]는 에스겔 선지자의 수수께끼 같은 예언이 광경 속에 성취되었습니다. 모든 지체들이 한 성령의 은혜를 받아 다 충만하니, 불타는 믿음으로 한 마음이 되고 그 입술에는 한 찬송이 묻어났습니다.

주교들은 봉헌식과 헌당식을 위한 모든 의식들을 차례로 행했습니다. 제사장들은 시편을 읊고, 성경에서 해당 본문을 선포하고, 성찬식을 차례로 인도하면서 엄숙하게 예배 의식을 집전하였습니다. 우리의 구원자가 당하신 고난에 대한 거룩한 상징인 세례식도 베풀어졌습니다. 조금의 흐트러짐도 없이 남녀노소 불문하고 기도와 감사로 하나가 되어 모든 좋은 것들로 채워 주시는 하나님께 영광을 돌리니, 모든 이의 마음이 기쁨으로 충만해졌습니다.

* PG 20:842~847; RDO:50

:: 이들은 모두 '하나'이기에

터틀리안
(Tertullian of Carthage, 주후 160~220)

우리 주 예수 그리스도께서는 그가 누구인지, 누구였는지 그리고 어떻게 아버지의 뜻을 받들어야 하는지, 우리가 지켜야 할 계명들이 무엇인지 친히 일러 주셨습니다. 이 땅에서 사시는 동안 무리들에게 공개적으로 이르시기도 했고 혹은 그의 가까운 제자들에게 은밀히 이르시기도 했습니다. 열 두명을 특별히 불러 곁에 두시면서 열방을 가르치라고 세우셨습니다.

그들 중에 하나는 제 가야 할 곳으로 가버렸습니다. 예수님이 부활하신 후에 이 땅을 떠나 아버지께로 돌아가시면서 남은 열 한 명에게 모든 민족에게 가서 그들을 가르치고 아버지와 아들과 성령의 이름으로 세례를 주라고 명하셨습니다.

사도들은 제비를 뽑았고, 맛디아가 선출되어 가롯 유다를 대신하여 열 두 번째 사도가 되었습니다. 제비로 사도를 뽑은 이 행각은 다윗의 한 선지적 시편에서 발견됩니다.[시 69:25; 109:8] 약속되었던 성령의 능력을 받아 기적을 행하고 진리를 선포할 수 있게 된 후에 이 사도들은 예수 그리스도를 향한 자신들의 믿음을 증거했고 또한 온 유대 지방에 교회를 세웠습니다. 그리고는 온 세상에 흩어져 동일한 믿음을 열방에 선포했습니다.

그들은 가는 곳마다 교회를 세웠습니다. 그렇게 세워진 교회들은 그들로부터 살아있는 믿음을 이식 받았고, 교리의 씨앗을 받았습니다. 날마다 이루어지는 이식 과정을 통하여 이들은 교회가 되어갔습니다. 그렇게 사도들에 의해 세워진 교회의 열매가 됨으로 '사도들에게 속한 교회 혹은 사도적 교회' 임을 증명했습니다.

어느 집안이든지 그 뿌리가 있는 법입니다. 이런 이유로 세상에 흩어진 모든 위대한 사도적 교회들이 더불어 열두 사도들로 이루어진 하나의 교회를 이루고 있다고 말할 수 있습니다. 이 어머니 교회로부터 다른 교회들이 자식들로 태어났기 때문입니다. 이들은 모두 '하나'이기에 사도들이 세운 교회의 원 모습을 간직한 사도들에게 속한 교회입니다. 서로 간의 우애 깊은 연합과 교회코이노이아, 그리스어라는 이름에 걸맞는 교제 그리고 세상에 소문이 자자한 손님 대접으로 하나됨을 증거합니다. 각 지역에 흩어진 교회들을 하나로 묶어주는 끈은 성례식에서 공유하고 있는 공통된 전통입니다.

우리가 사도들의 가르침이 무엇인지, 즉 그리스도가 그들에게 알려주신 것이 무엇인지 밝힐 수 있는 유일한 길은 이 교회들이 지니고 있는 동질성을 가로질러서 있습니다. 사도들이 처음에는 육성으로 그리고 후일에는 서신으로 가르치며 이 교회들을 직접 세웠습니다.

예전에 주님이 이렇게 분명하게 말씀해 두셨습니다.

"내가 아직도 너희에게 이를 것이 많으나 지금은 너희가 감당하지 못하리라."
[요 16:12]

그리고는 이렇게 덧붙이셨습니다.

"그러나 진리의 성령이 오시면 그가 너희를 모든 진리 가운데로 인도하시리니…"
[요 16:13]

진리의 성령님을 통해 "모든 진리"를 받게 될 것이라 하신 그리스도의 약속 안에서 우리는 그리스도께서 진리에 대한 모든 지식을 그의 사도들에게 넘겨주셨음을 알 수 있습니다. 왜냐하면 『사도행전』에서 이 사도들에게 성령이 내려온 것을 증거하고 있기 때문에, 고로 그의 약속이 분명이 성취되었기 때문입니다.

*CCL 1:201~204; RDO:472~473

:: 그리스도인의 결혼은 얼마나 아름다운가!

터틀리안
(Tertullian of Carthage, 주후 160~220)

한 소망, 한 소원, 한 인생 길, 살아 숨쉬는 한 신앙 안에서 하나가 된 두 그리스도인의 결혼은 얼마나 아름다운가! 한 주인을 섬기는 종된 형제와 자매로다. 그 무엇도 몸으로나 영으로나 하나된 이들을 갈라 놓을 수 없도다. 이들은 참 진리 가운데 거하니, 곧 두 사람이 한 몸을 이루었음이라. 한 몸을 이룬 그 곳에 영 또한 하나 되리라. 이들은 함께 기도하고 함께 예배하고 함께 금식하며, 서로를 가르치고 서로를 격려하며 서로를 붙드는도다. 어떤 어려움과 핍박도 나란히 서서 맞이하며, 서로 위로를 주고 받는도다. 서로 앞에서 어떤 비밀도 숨김이 없으니, 상대가 가까이 다가올 때 거부하지 않는도다. 이들은 상대의 마음에 어떤 슬픔도 드리우지 않는도다. 부지런히 아픈

자들을 문안하고 사람들의 필요를 채우는도다. 베풀되 인색하지 않고, 제단에 드리되 억지로 드리지 않는도다. 날마다 우선하여 경건생활을 드리는도다. 십자가 성호를 몰래 긋지 않고, 믿음의 형제들과 주님의 이름으로 입맞춤 하기를 부끄러워 하지 않으며, 하나님께 축복을 간구할 때 침묵하지 않는도다. 시와 찬미로 서로 화답하며, 그 중에 어느 것이 주님을 보다 더 영화롭게 높여드리는지에 온 마음을 기울이는도다. 이들을 듣고 보는 중에 그리스도께서 기뻐하시며 당신의 평강을 주시는도다. 이 둘이 함께 있는 그곳에 주님이 함께 하시니, 주님이 계시는 그 곳에는 어떤 악도 없도다.

* CSEL 70:96~124; THW 2:8

:: 그리스도의 어머니가 된 특권으로

어거스틴
(Augustine of Hippo, 주후 354~430)

예수님이 손을 내밀어 누군가를 가리키며 제자들에게 말씀하셨습니다.

"나의 어머니와 나의 동생들을 보라 누구든지 하늘에 계신 내 아버지의 뜻대로 하는 자가 내 형제요 자매요 어머니이니라."[마 12: 49~50]

이 말을 곰곰히 되새겨 봤으면 합니다. 믿음 가운데 믿어 예수님을 잉태한 여자, 그 모태에서 우리 구세주가 우리 가운데 태어나시기로 선택받은 여자, 그리스도를 낳기 전에 그리스도에 의해 창조된 여자인 동정녀 마리아가 하나님 아버지의 뜻대로 행하지 않았단 말입니까? 아닙니다. 성모 마리아는 분명 아버지의 뜻대로 행했고, 그렇기에 그녀에게는 그리스도의 어머니가 된 것보다 그리스도의 제자가 된 것이 더 감격스런 일이었습니다. 어미 됨보다 제자 됨이 더 복된 일이었던 것입니다. 앞으로 주님으로 모시고 순종할 이를 자기 모태 속에 처음으로 배었음으로 그녀는 행복했습니다.

지금부터 제가 말한 것이 성경 본문이 말하는 것과 상반되지는 않는지 찾아 살펴 봅시다. 예수께서는 길을 가고 계셨고 군중들은 그의 뒤를 따르고 있었습니다. 그가 행한 기적은 그에게 신성한 능력이 머물고 있음을 증명해 주었고, 이에 한 여자가 "당신을 밴 태와 당신을 먹인 젖이 복이 있나이다" 하고 외쳤습니다. 그러자 주님께서는 사람들이 혈육에서 행복을 찾는 것을 바라지 않으시고는 이렇게 받아 말씀하셨습니다.

"오히려 하나님의 말씀을 듣고 지키는 자가 복이 있느니라."[눅 11:27~28]

마리아는 하나님의 말씀을 지켰기에 복된 사람이었습니다. 그 모태에 구원자의 몸을 밴 것보다 하나님의 진리를 그 가슴에 밴 것이 더 고귀한 것이었습니다. 진리도 그리스도였고, 그 몸도 그리스도였습니다. 그리스도는 진리로써 여자 마리아의 마음에 담겨졌습니다. 그리스도는 인간으로서 여자 마리아의 모태에 담겨졌습니다. 하지만 마음에 담긴 것이 모태에 담긴 것보다 더 높은 위치를 차지합니다.

동정녀 마리아는 거룩하고 복된 사람이지만, 교회는 그녀보다 더 큽니다. 마리아는 교회의 일원이자 한 지체입니다. 거룩하고 눈에 띄는 (어쩌면 가장 눈에 띄는) 존재이지만, 여전히 그리스도의 전체 몸에 속한 한 지체입니다. 전체 몸이 그 한 부분인 그녀보다 크다는 사실에는 어떤 물음의 여지도 없습니다. 주님은 이 몸의 머리가 되시며, 머리와 몸이 더불어 온전한 그리스도를 이룹니다. 달리 말하자면 우리의 머리는 신성한 하나님이십니다.

사랑하는 자들이여, 제게 여러분의 온 신경을 기울여 주십시오. 여러분 역시 그리스도의 지체들이 아닙니까. 그러니 어떻게 여러분 자신이 "나의 어머니와 나의 동생들을 보라"고 주님이 가리키신 자들 중에 속해 있는지 생각해 보십시오. 여러분 자신이 어떻게 그리스도의 어머니가 될 수 있는지 궁금하십니까? 주님이 친히 이렇게 말씀하셨습니다.

"누구든지 하늘에 계신 내 아버지의 뜻대로 하는 자가 내 형제요 자매요 어머니이니라."[마 12:50]

그리스도의 형제와 자매된 우리가 어떻게 그리스도의 어머니가 될 수 있는지 이렇게 이해해 볼 수 있습니다. 비록 유일한 상속자는 독생자이신 그리스도이시지만, 그의 넘치는 긍휼이 자신을 독자로 홀로 남도록 내어버려두지 않을 것입니다. 우리 역시 하나님의 상속자요 자신과 더불어 공동상속자가 되는 것이 그 자신의 소원이었습니다.

그렇다면 이제 제가 여러분 모두를 그리스도의 형제와 자매라 부르고 있다면, 그의 어머니라고 부르지 못할 이유가 무엇이겠습니까? 그가 직접하신 말을 그대로 받아들이지 않을 이유에 비한다면 어머니라고 부르지 못할 이유는 아무것도 아닙니다. 현재 교회의 일원이 된 사람들에게 자녀된 생명을 준 것 외에 다른 방법으로 마리아가 그리스도의 어머니가 될 수 있었다면 이야기해 주십시오. 여러분은 누구의 뱃속에서 태어난 자들입니까? 저는 "어머니 교회의 뱃속에서 태어난 자들입니다"하고 답하는 여러분의 마음의 소리를 듣습니다. 여러분은 세례식을 통하여 이 어머니 뱃속에서 태어난 자들, 즉 그리스도의 형제와 자매들로 태어난 자들입니다. 이제는 여러분이 할 수 있는 한 많은 사람들을 세례의 욕조로 데리고 올 차례입니다. 여러분이 그 욕조에서 태어나면서 자녀가 되었으니, 이제 다른 이들에게 같은 식으로 생명을 선물함으로 그리스도의 어머니가 된 특권으로 그 자녀를 품에 안으십시오.

* PL 46:937~938 RDO:125~12

제5장
호흡·찬송과 선포

"우리 인간의 음성으로 하나님에게 뭔가를 더함으로
그 분이 광대해 지시는 것이 아니라,
광대하신 그가 우리 안에 계시기에 우리의 목소리를
통해 광대하다 높여지십니다."

[그림 6] 요한복음 11장에 기록된, 죽은 나사로를 살리시는 예수님을 그린 스웨덴 작가 Karl Isakson(1878-1922)의 유화. 예수님이 일으킨 기적 중에 기적을 연출하는 흥분되는 장면에서 도리어 '정적'靜寂 혹은 '적막'이란 단어를 연상케 됨은 비단 무심해 보이는 예수님의 얼굴 표정 때문만은 아니다. 들어올린 예수님의 오른손을 올려다 보는 나사로의 부릅 뜬 눈은 도리어 자신의 몸을 둘둘 말은 베를 어찌 이겨낼 수 없어 꼼짝 못하겠는 안타까움을 호소하는 듯 하다. 예수님 뒤에 선 여인들의 하얀 그것과 다른 나사로의 검은 얼굴은 아직 죽음의 힘 아래 썩어져 있는 나사로의 무기력한 상태를 보여준다. 예수님 조차 완전히 정복하지 못할 만큼 죽음은 인간을 강하게 구속한다는 메세지를 전하려는 의도일까? 그럴수도 있지만, 어찌보면 죽음을 완전히 정복하는 최고의 영광스런 순간을 이 사건이 아닌 예수님의 십자가와 부활 사건을 위해 아껴두기 위한 의도로 볼 수도 있다.

:: 나와 함께 주님을 광대하시다 하며

암브로시우스
(Ambrosious of Milan, 주후 337~397)

천사가 처녀 마리아에게 믿을 만한 증표와 함께 소식을 전해 주었습니다. 소식은 늙어 태줄이 닫힌 한 여자가 아이를 임신했음을 전하며 하나님은 뜻하신 바대로 이루실 수 있는 분이라는 내용을 담고 있었습니다.

이 소식을 듣자 마리아는 일어나 산골마을로 향합니다. 하나님의 말씀이 못 미더워서가 아닙니다. 천사가 전해 준 그 소식이 못 미더워서도 아니고, 그 증표가 의심스러워서도 아닙니다. 그녀는 분명한 목적의식과 가슴 벅찬 사명감 가운데 기쁨으로 달음박질 하던 중이었습니다.

하나님으로 충만한 사람이 하나님과 가까운 높은 산이 아니고서 대체 어디로 급히 뛰어가겠습니까? 성령님은 더디고 어렵게 움직이지 않습니다. 그래서 마리아의 방문과 주님의 출현과 함께 따라오는 축복 역시 금새 뚜렷하게 표가 납니다. 엘리사벳이 마리아가 문안함을 들으매 아이가 복중에서 뛰놀고, 엘리사벳은 성령의 충만함을 받습니다.[눅 1:41]

여기서 그려지고 있는 대조관계의 구조와 그에 맞는 언어의 선택을 눈여겨 보십시오. 엘리사벳은 마리아의 목소리를 먼저 인지하지만, 요한은 하나님의 은혜를 먼저 인지합니다. 엘리사벳은 신체에 달린 귀로 듣지만, 요한은 신비에 담긴 의미를 듣고 기뻐 들썩입니다. 엘리사벳은 마리아의 등장을 인지하지만, 요한은 주님의 등장을 인지합니다. 즉 여자는 여자를, 구원의 길을 예비하는 사람은 구원의 확실한 증표를 알아본 것입니다. 여인들은 그들이 입은 은혜에 대해 이야기하지만, 아이들은 자신들의 도움으로 선지적 예언을 하는 어머니의 도움으로 만나 보이지 않는 곳에서 사랑의 신비를 펼치며 흥겹게 뜁니다.

아이가 태중에 뛰자 그 어미 엘리사벳은 성령의 충만함을 받습니다. 자기 아들로 인해 그렇게 된 것은 아닙니다. 마리아의 태중에 있는 주님으로 인해 성령의 충만함을 받은 그 아이가 제 어미를 같은 영으로 충만히 채운 것입니다. 요한이 기뻐 뛰놀자 엘리사벳은 성령의 충만함을 받습니다. 요한이 기뻐 뛰놀자 마리아는 이어 기뻐합니다. 마리아가 요한으로 인해 성령의 충만함을 받을 필요가 없음을 우리는 잘 알고 있습니다. 우리의 지각 너머에 있는 그녀의 태중에 있는 아들이 이미 우리가 이해하지 못할 신비로운 방식으로 제 어미의 태중에 거하고 있습니다. 엘리사벳은 요한을 태에 밴 이후에 이같이 성령의 충만함을 받았지만, 마리아는 주님을 태에 배기 전부터 충만함을 받습니다. 엘리사벳이 말합니다.

"주께서 하신 말씀이 반드시 이루어지리라고 믿은 그 여자에게 복이 있도다."[눅 1:45]

보지 않았으나 듣고 믿은 여러분 또한 복이 있습니다. 믿는 자의 영혼은 하나님의 말씀을 잉태하여 낳고 또한 그 말씀이 일으키는 움직임을 인지하게 됩니다.

마리아의 영이 여러분 각자에게 임해 주님의 위대하심을 전하게 하소서. 마리아의 영이 여러분 각자에게 임해 주님을 기뻐하게 하소서. 그리스도의 육신의 어머니는 단 한 분이지만, 우리 모두는 믿음으로 그리스도를 잉태하여 출산합니다. 순결을 지키고, 죄로부터 깨끗하고 자유하며, 때묻지 않은 겸양을 잃지 않는 모든 영혼마다 하나님의 말씀을 잉태하게 될 것입니다. 마리아의 영혼이 주님을 찬미하고 구원자이신 하나님 안에서 그 영이 기뻐했듯이, 그렇게 말씀을 잉태한 영혼은 주님의 위대하심을 선포합니다. 시편에서 우리는 이렇게 노래합니다.

"나와 함께 주님을 광대하시다 하며…"[시 34:3]

주님은 광대하다 찬미 받으십니다. 우리 인간의 음성으로 하나님에게 뭔가를 더함으로 그분이 광대해 지시는 것이 아니라, 광대하신 그가 우리 안에 계시기에 우리의 목소리를 통해 광대하다 높여지십니다. 그리스도는 하나님의 형상이십니다. 그렇기에 우리 영혼이 바르고 거룩한 것을 행함으로 그 영혼의 원래 바탕인 하나님의 형상을 광대하다 찬미하는 것입니다. 그리고 그렇게 하나님의 형상에 찬미를 드리면서 우리의 영혼은 그의 위대하심에 동참하여 함께 높아집니다.

* CCL 14:39~42; RDO:469~470

:: 성령님이 불어넣어 주시는 호흡으로

바실
(Basil of Caesarea, 주후 330~379)

성령님께 돌려지는 명칭을 듣는 자마다 그 영혼에 울림이 있어야 하고, 그것들을 입에 담는 자마다 자신들이 다름 아닌 하나님에 대해 말하고 있다는 인식을 가져야 합니다. 그렇기에 성령님을 하나님의 영, 아버지께로부터 나온 진리의 영, 변함이 없으신 영 그리고 인도하시는 영이라 부르지 않습니까? 하지만 아무래도 가장 구별되는 주된 명칭은 성령님입니다.

모든 창조물들이 완전함에 이르고자 성령님을 향해 바라봅니다. 호흡이 있는 것마다 제 지어진 속성대로 성령님을 찾습니다. 성령님이 불어넣어 주시는 호흡으로 저마다 지어진 창조의 목적을 이루게 될 것입니다.

성령님은 거룩함의 원천인 신령한 빛이시기에, 진리를 찾는 이들의 마음마다 이 빛을 비춰 도와 주십니다. 성령님은 우리의 지각이 닿을 수 있는 범위 너머에 계시나, 그가 베푸시는 선하심을 맛보아 우리는 그를 알 수 있습니다. 성령님의 권능은 온 우주를 채우나, 자신을 주시기에 합당한 자에게만 자신을 주시되 각 사람의 믿음의 분량에 맞게 역사하십니다.

그 본질은 변함없이 하나이나, 일으키시는 권능의 역사들은 다채롭습니다. 각 사람에게 자신을 온전히 드러내시되, 모든 곳에 자신을 온전히 드러내십니다. 여러 사람들에게 자신을 나누어 주시되, 언제나 변함은 없으십니다. 자신을 주시되, 자신을 잃어버리지 않으십니다. 온 대지와 대양 위를 뒤덮는 대기大氣에 배어들은 햇살과 같으시되, 오직 내 자신만을 위해 존재하시는 분인듯 사람들은 성령님을 친밀하게 누립니다. 이렇게 성령님은 누구에게도 부족함이 없도록 차고 넘치는 은혜를 부어주시되, 오직 당신을 받을 수 있는 사람들에게만 자신을 구별하여 주십니다. 비록 무한한 능력을 지니셨지만, 자신의 호흡을 나눠 갖은 모든 창조물들에게 그 지어진 속성에 맞게 존재의 기쁨을 주십니다.

성령님은 우리의 마음을 하늘까지 높여 주시고, 연약한 자의 발걸음을 인도하시며, 자신을 따라 걷는 이들을 완전함에 이르게 하십니다. 죄의 모든 얼룩을 깨끗이 씻어낸 사람들에게 빛을 비추시고 더불어 지내심으로 신령한 사람들로 변화시키십니다.

햇빛이 투명한 물체 위에 떨어져 환한 빛살로 부서지면서 그 물체가 더 없이 환히 빛나듯이, 성령님이 우리 영혼 안에 들어와 거하시며 빛을 발하시면 그 영혼 역시 신령해지고 다른 사람들에게 은혜를 끼치게 됩니다.

미래에 대한 선견지명과 믿음의 신비에 대한 이해와 성경에 숨겨진 의미를 보는 혜안慧眼과 그리고 그 외 다른 특별한 은사들이 성령님으로부터 옵니다. 성령님으로 말미암아 우리는 하늘의 시민이되고, 천사들의 무리 중에 속하게 되며, 영원한 행복으로 들어가며, 하나님 안에 거하게 됩니다. 성령님으로 말미암아 우리는 하나님과 닮은 모습을 얻게 됩니다. 그렇습니다. 우리가 그 어떤 숭고한 것을 열망하든지 그 조차 넘어선 숭고한 무엇을 얻게 됩니다. 바로 신이 되는 것입니다.[시 82:6; 요 10:34~35 참조]

* PG 74:854~855 RDO:229~230

:: 우리 이제 이 노래를

어거스틴
(Augustine of Hippo, 주후 354~430)

　걱정거리를 안고 살아갈 수밖에 없는 여기 이 땅에서 "할렐루야" 노래 합시다. 그러면 언젠가 아무 걱정거리 없는 하늘에서 같은 노래를 부르고 있을 것입니다. 우리는 어째서 걱정 속에 살아가고 있습니까? "이 세상에서의 삶 자체가 시험이 아니겠습니까?" 라는 글을 읽으면서 설마 제가 아무 걱정거리 없다고 생각하지 않으시겠지요! "시험에 들지 않게 깨어 기도하라" 하신 주님의 말씀이 여전히 제 귓가를 울리는 데도 설마 제가 아무 걱정거리 없다 생각하지 않으시겠지요! "우리가 우리에게 죄 지은 자를 사하여 준 것 같이 우리 죄를 사하여 주옵시고" 하고 기도할 때마다 떠오르는 갖가지 유혹들 앞에서 설마 제가 아무 걱정거리 없다고 생각하지 않으시겠지요! 우리는 매일 용서를 빌고, 또 매일 죄를 짓습니다. 여러분은 제가 날마다 죄를 용서해 달라고 간구하고 시험을 받을 때마다 도움을 요청한다고 해서 걱정거리 없이 살 것이라고 기대하세요? 제가 범한 지난 죄 때문에 저는 "우리가 우리에게 죄 지은 자를 사하여 준 것 같이 우리 죄를 사하여 주옵시고…" 기도하고, 여전히 직면하게 되는 어려움들로 인해 즉시 이어서 "우리를 시험에 들게 마옵시고" 기도합니다. 저를 포함해서 "다만 악에서 구하옵소서" 하고 울부짖는 사람들이 주위에 있는데 어떻게 남들은 걱정없이 사는 것 같다고 하겠습니까? 하지만 우리가 여전히 악에 빠진 상황이라도 우리를 이 악에서 건져주시는 좋으신 하나님께 "할렐루야" 노래합시다.

비록 현재 시험과 유혹 가운데 빠져 있다 해도 우리, 아니 모두 "할렐루야" 노래합시다. "오직 하나님은 미쁘사 너희가 감당치 못할 시험당함을 허락지 아니하시고"[고전 10:13] 하고 성경이 말씀합니다.

그러니 이 땅에서도 "할렐루야" 노래합시다. 우리 인간은 여전히 빚진 자이나 하나님은 미쁘십니다. 성경은 그가 시험 받도록 내버려 두시지 않을거라 말씀하고 있지 않습니다. 다만 "감당치 못할 시험당함을" 허락지 아니하신다 했습니다. 무슨 시험이던지 간에 하나님은 그 시험을 통해 여러분을 안전하게 지켜보고 계십니다. 그리고 여러분에게 견딜 힘을 주십니다. 여러분이 비록 시련의 시간을 거치고 있을 지라도 아무 해도 입지 않을 것입니다. 하나님의 도움의 손이 여러분을 안전하게 빠져나올 수 있도록 도우실 것입니다. 여러분은 말씀으로 빚어져 시련의 불로 구어진 도자기 같은 존재들입니다. 그러니 여러분이 불가마 속에 들어가 있다고 생각되거든 마침내 거기서 꺼내져 나올 때를 생각하십시요. 하나님은 미쁘셔서 여러분의 출입을 지키십니다.[시 121:8]

그러다 다음 세상에서 우리의 몸이 죽지 않고 썩지 않게 되면 모든 시련은 사라지고 말 것입니다. 몸은 죄로 인하여 죽습니다. 하지만 영은 의로 인하여 산 것이 됩니다.[롬 8:10]

그렇다면 우리의 죽은 몸은 내어버리게 된다는 말입니까? 그렇지 않습니다. 성경이 곧 이어 이렇게 말씀하는 것을 들어 보십시오.

"예수를 죽은 자 가운데서 살리신 이의 영이 너희 안에 거하시면 그리스도 예수를 죽은 자 가운데서 살리신 이가 너희 안에 거하시는 그의 영으로 말미암아 너희 죽을 몸도 살리시리라."[롬 8:11]

현재 우리가 지닌 육체는 영혼으로 인해 살아 있으나, 때가 되면 영으로 인해 살게 될 것입니다.

오, 하늘에서 기쁘게 부를 "할렐루야"! 어떤 원수에 대해서도 두려움 없이 안심하며 부를 노래로다! 천국에는 원수도 없고, 단 한 명의 친구도 잃지 않으리라! 하나님을 찬양하는 노래를 여기 땅에서도 저기 하늘에서도 부릅니다. 다만 이 노래를 여기 땅에서는 걱정 속에서 부르지만, 저기 하늘에서는 안심 속에서 부릅니다. 여기 땅에서는 죽을 자들이 부르지만, 저기 하늘에서는 영원히 살고 있는 자들이 부릅니다. 여기 땅에서는 소망 속에 부르지만, 저기 하늘에서는 그 소망의 성취 속에서 부릅니다. 여기 땅에서는 나그네들이 부르지만, 저기 하늘에서는 시민들이 부릅니다.

그러니 우리 이제 이 노래를 부릅시다. 안락한 삶을 누리기 위해서가 아니라 우리의 고된 삶에 빛을 밝히기 위해 노래합시다. 여러분은 나그네 된 자로서 노래해야 합니다. 그러니 노래하되, 계속해서 길을 걸어야 합니다. 여러분의 여정이 보다 복되도록 부지런히 노래합시다. 노래하되, 계속해서 이루어 나갑시다. 계속 이루어 나가라니 무엇을 말입니까? 계속해서 진척을 이루어 나갑시다. 그런데 신앙의 덕을 세우는데 있어서의 진척이지, 사도 바울이 경고한 자들처럼 오직 악덕을 세우는 데 이루는 진척이 절대 아닙니다. 진척이 이루어 지고 있다면 여러분은 계속해서 나그네의 길을 걷는 것입니다. 하지만 이 진척이 참된 믿음과 그에 합당한 삶에 있어서 진척인지 확인해야 합니다. 그렇다면 노래하되 계속해서 이루어 나아갑시다.

* PL 38:1191~1193; RDO:502~503

:: 우리가 부를 이 노래, 예수 그리스도

이그나티우스
(Ignatius of Antioch, 주후 35~108)

　여러분을 영광되게 하신 예수 그리스도에게 모든 것으로 영광을 돌려야 마땅합니다. 여러분은 완전한 순종, 즉 주교와 장로들에게 복종함으로 서로와 연합하여 모든 일에 있어 거룩해져야 합니다.
　저는 제 자신이 마치 어떤 영향력 있는 사람인 양 여러분에게 명령하고 있는 것이 아닙니다. 비록 제가 그리스도의 이름을 위하여 죄수가 되었다 해도, 저는 아직 예수 그리스도 안에서 완전함에 이르지 못하였습니다. 저는 이제 갓 그의 제자가 되었기에 역시 동료 제자들에게 하듯 그렇게 여러분에게 말하고 있는 것입니다. 여러분들이야 말로 여러분이 지닌 믿음과 격려와 인내와 평온함으로 저를 붙들어줘야 할 사람들입니다. 하지만 여러분을 향한 저의 사랑이 저로 여러분에 대하여 침묵하도록 내버려 두지 않기에, 기회를 엿보아 여러분에게 하나님과 한 마음을 품어 연합하라고 권하게 되었습니다. 전 세계 각 지역에 세워진 주교들이 예수 그리스도의 마음을 품고 있듯이, 우리의 생명되신 그래서 없이는 살 수 없는 예수 그리스도께서 곧 하나님의 마음이라고 말씀드리는 겁니다.[고전 2:16 참조]

그렇기에 여러분이 지금도 그렇지만 여러분의 주교와 같은 마음을 품어야 합니다. 하나님의 명예가 되는 여러분의 훌륭하신 장로님들은 하프와 그에 걸린 줄처럼 주교와 그런 관계입니다. 그렇기에 여러분의 생각과 감정이 이루는 화음으로 부르는 노래는 바로 예수 그리스도이십니다. 여러분 한 사람, 한 사람이 모여 하나의 성가대를 이루어 하나님이 작곡하신 악보를 따라 마음의 화음을 거쳐 나오는 조화로운 한 목소리로 예수 그리스도라는 노래를 하나님 아버지께 불러야 할 것입니다. 이렇게 한다면 아버지께서는 들려지는 노래와 선한 일을 통해 여러분이 당신의의 아들에게 속한 지체들임을 아시게 될 것입니다.

비록 짧은 세월 동안에 여러분의 주교와 제가 그토록 가까운 사이가 되었다면 인간적으로 가까워졌다는 뜻이 아니라 영적으로 가까워졌다는 뜻입니다. 교회가 예수 그리스도와 연합하고 예수 그리스도께서 아버지와 연합하셔서 이 하나됨으로 말미암아 만물이 조화 가운데 있듯이, 그와 연합한 여러분이 어떠해야 한다고 말씀드리는 것이 침묵하는 것보다 여러분을 위해 훨씬 좋지 않겠습니까.

* RDO:67~68

:: 선포자의 뒤를 따르는 주님

로마의 그레고리
(Gregory of Rome, 주후 540~604)

　사랑하는 이들이여, 우리 구세주는 어떤 때는 말로 또 어떤 때는 행동으로 우리를 가르치십니다. 그의 행동 자체가 곧 우리에게는 명령입니다. 그래서 그가 아무 말없이 움직이실 때는 우리가 해야할 바를 가르쳐 주시는 순간입니다. 예를 들면, 하나님 나라를 선포하라며 그의 제자들을 둘씩 짝지어 보내셨는데, 이는 '사랑하라'는 계명이 하나님 사랑과 이웃 사랑으로 짝지어져 있기 때문이었습니다.
　주님이 둘씩 짝지어 다니며 선포하라고 그의 제자들을 내보내신 것은 바로 암묵적으로 자신의 이웃을 사랑하는 데 실패한 사람은 결코 하나님 나라를 선포하는 직분을 담당해서는 안됨을 가르쳐 주시기 위해서입니다.

주님이 자신이 들어 가려고 한 동네나 지역 마다 그의 제자들을 앞서 보내신 것이 맞습니다. 주님은 선포자의 뒤를 따르십니다. 왜냐하면 선포란 주님이 가실 길을 예비하는 일이고, 그렇기에 주님에 앞서 말씀 선포가 다니면서 듣는 이들의 마음을 진리로 준비시켜 놓으면 비로소 우리 주님이 우리 안에 찾아와 함께 거하시기 때문입니다. 그렇기에 주님의 선포자들에게 이사야 선지자가 외쳤습니다.

"너희는 주의 길을 준비하라 그의 오실 길을 곧게 하라."[사 40:3; 막 1:3]

시편기자도 이렇게 외칩니다.

"석양이 지는 곳에서 일어나시는 이를 위하여 길을 열어드려라."[시 68:4, 70인역]

석양이 지는 곳에서 일어나신 이는 우리 주님이십니다. 잠들어 죽으신 바로 그곳에서 다시 일어나셔서 더 찬란한 영광을 비추셨기 때문입니다. 석양이 지는 곳에서 일어나신 이는 우리 주님이십니다. 그의 부활로 말미암아 그가 겪어야 했던 죽음을 당신의 발 아래 짓밟으셨기 때문입니다. 그렇기에 저희가 여러분에게 주님의 영광을 선포할 때 "석양이 지는 곳에서 일어나신 이를 위하여" 길이 열립니다. 그러면 저희 뒤를 따라 들어오신 주님이 당신의 사랑으로 여러분을 환히 밝혀주실 것입니다.

주님이 당신의 선포자들을 앞서 보내시면서 일러두신 말씀을 마저 들어봅시다.

"추수할 것은 많되 일꾼이 적으니…" [마 9:37]

'추수할 것은 많은데 추수할 일꾼이 적다'는 말을 마음에 아무런 부담도 없이 내뱉을 수는 없는 상황입니다. 복음을 들어야 할 사람들은 많은데 전할 사람들이 적은 것이 현실이기 때문입니다. 세상이 온통 제사장들로 득실대는 것을 보지만 하나님 밭을 추수하기 위한 참된 일꾼은 눈을 씻고 찾아보기 힘듭니다. 제사장의 직위을 받은 저희가 그 직무를 제대로 감당하지 못하고 있는 현실입니다.

사랑하는 이들이여, 주님이 하신 말을 되새기고 되새겨 보십시오.

"그러므로 추수하는 주인에게 청하여 추수할 일꾼들을 보내 주소서 하라." [마 9:38]

그러니 저희가 여러분을 위해 제대로 준비된 일꾼이 되어 저희의 입술이 말씀을 전하기에 지치지 않고, 선포의 직분을 받은 후에 침묵함으로 공의로운 재판관 앞에 말씀을 전하지 않은 죄에 대해 추궁 당하지 않도록 저희를 위해 기도해 주십시오.

* PL 76:1139; RDO:492~493

:: 교회의 선포는 온 세상을 비추어

이레나이우스
(Irenaeus of Lyons, 주후 135/140~202)

세상 어디에나 퍼져있는 교회, 심지어 땅의 끝이라도 거기까지 퍼져있는 교회는 그 믿음을 사도들과 그들의 제자들로부터 전해 받았습니다. 이 믿음을 따라 우리는 한 하나님, "천지와 바다와 그 중의 만물을 지은"[시 146:6] 전능하신 하나님 아버지를 믿습니다. 이 믿음을 따라 우리는 한 주님, 하나님의 아들로써 우리의 구원을 위해 인간이 되신 예수 그리스도를 믿습니다. 이 믿음을 따라 우리는 선지자들의 입을 통해 하나님의 구원의 경륜을 앞서 선포하신 한 성령님을 믿습니다(하나님의 구원의 경륜이란 곧 우리가 사모하는 우리 주 예수 그리스도께서 이 땅에 오심과 처녀의 몸에서 나심과 고난과 죽은자들 가운데서 부활하심과 하늘로 올라가심과 아버지의 영광 중에 하늘로부터 마지막으로 오심으로 만물을 회복시키시고 죽은 자들 가운데 모든 육체를 일으키시고 보이지 않으시는 아버지의 판결을 받들어 모든 것을 공의로 심판하시사 "하늘에 있는 자들과 땅에 있는 자들과 땅 아래에 있는 자들로 모든 무릎을" 예수 그리스도 우리 주님, 우리 하나님, 우리 구원자, 우리 왕 앞에 꿇게 하시고 "모든 입으로 예수 그리스도를 주라" 시인하게 하는 것입니다).

온 세계에 흩어져 있는 교회는 이 구원의 경륜에 대한 선포를 듣고 믿음을 받아 지금까지 온전하게 보존되어 왔으니, 흩어져 있으나 마치 한 집에 모여 살고 있는 것 같이 지내고 있습니다. 한 마음과 한 영을 품어 한 믿음을 굳게 붙잡고 있기에 교회는 마치 한 사람이 소리내는듯 일관되게 이 믿음을 선포하고 가르치고 있습니다. 비록 전하는 언어는 다를지 몰라도 전통은 오직 하나입니다.

독일 지역에 세워진 교회들의 믿음과 전통은 스페인과 켈트, 동쪽으로는 이집트와 리비아 그리고 지중해 지역에 세워진 교회들의 그것들과 다를 것이 전혀 없습니다. 하나님의 창조물인 태양이 세상 어디에서나 동일하게 하나이듯이, 교회의 선포는 온 세상을 비추어 진리에 이르는 지식을 찾는 모든 이들의 길을 밝혀 줍니다.

그러니 교회에서 선포하는 직분을 맡은 자들 중에서 아무리 담임 목사라도 다른 것을 전해서 안되며 (아무리 높은 종도 주인보다 윗전이 될 수 없으므로), 아무리 부목사라도 교회에 전해진 것을 줄여서 전해서는 안됩니다. 우리의 믿음은 어디에서나 동일하기에, 이를 보다 자주 전하는 어떤 자도 가加 해서도 안되고 이를 덜 자주 전하는 어떤 자도 감減 해서도 안됩니다.

* SC 264:154~161; RDO:471~472

:: 당신의 말씀되신 자의 이름 부르기를

어거스틴
(Augustine of Hippo, 주후 354~430)

빅토리누스는 모든 인문학에 두루 걸쳐 학식이 깊은 노인입니다. 방대한 분량의 철학책을 연구하여서 관련 비평문들을 출간하기도 했습니다. 원로원의 여러 유력 인사들과도 친분이 있었고 선생으로서도 뚜렷한 두각을 나타내어, 온 세계의 이목이 집중되는 로마의 토론회장에 조각상이 세워지는 대단한 영예를 누리기도 한 사람입니다. 그는 평생을 우상을 숭배하며 살아왔고, 로마의 상류 귀족층 사이에서 유행하던 눈 뜨고는 차마 볼 수 없는 종교 의식에 심취해 온 사람입니다. 전쟁을 통해 여러 신들을 자신의 발 앞에 굴복 시켰왔던 로마는 이제 그 신들 앞에 엎드려 구애하고 있는 형국입니다. 그러니 지도층들은 "천상의 기괴스런 온갖 신들과 개처럼 짖는 아누비스 같이, 넵툰과 비너스와 미네르바에 맞서 일어나 싸운 적이 있는 그런 신들"로마의 서사시인 버질의 「아이네이드」 중 만을 이야기거리로 삼습니다. 이제 노년에 이른 빅토리누스는 여러 해 동안 그의 불같은 연설로 이러한 사회 풍조를 변호하기를 쉬지 않았던 사람입니다. 그러던 그가 이제 그리스도의 자녀 되는 것을 부끄러이 여기지 아니하고 그의 목에 부끄러운 멍에를 지고 그 머리를 수치스런 십자가 앞에 숙임으로 당신의 세례 욕조 안에 누은 갓난 아기가 되었습니다.

오 주여, "하늘을 드리우고 강림하시며 산들에 접촉하사 연기를 내신"[시 144:5] 주님이시여, 당신은 어떻게 그의 마음에 다다르는 길을 찾으셨는지요? 그가 성경을 읽었고, 모든 기독교 서적들을 하나하나 깊이 몰두하여 주의깊게 연구했다고 심플리치아누스가 저에게 말해주었습니다. 한번도 공적인 자리에서 밝힌 적은 없어도 사적인 자리에서는 "이제 나는 그리스도인임을 자네가 알아주었으면 하네" 하고 말하고 다녔다 합니다. 그 말에 심플리치아누스는 "그리스도의 교회에서 자네를 보기 전에는 자네가 그리스도인이라고 믿지도 않고 그렇게 여기지도 않을 걸세" 하고 응했다 합니다. 그러면 빅토리누스는 웃으며 "자네 그 말은 한 사람을 그리스도인으로 만드는 것이 교회의 담장이란 뜻인가?" 하고 대꾸했다고 합니다.

그는 이후에도 수차례 자기 스스로를 그리스도인이라고 주장했고, 그럴 때마다 심플리치아누스는 똑같은 대답을 해서 교회 담장이 어쩌구… 하는 똑같은 대꾸를 들어야 했다 합니다. 심플리치아누스는 거짓 신들을 섬기는 이 자존심 강한 친구의 기분을 자칫 상하게 하여 마치 아직 주님이 꺾지 않으신 높게 솟은 레바논의 백향목 위에서 떨어지듯[시 29:5 참조] 하늘 높은 줄 모르고 치솟은 이 바벨론 시민의 높은 콧대에서 쏟아져 내릴 분노 어린 적개심을 조심스러워 했던 것입니다. 하지만 이후에도 꾸준하게 성경을 읽은 끝에 빅토리누스는 마침내 결심하게 되었다 합니다. 자신이 사람들 앞에서 그리스도를 시인하는 것을 너무 겁내해 한다면 그리스도께서 그의 거룩한 천사들 앞에서 자신을 부인하실지 모른다는 두려움에 사로잡혔다고 합니다. 그리고 자기 교만이 추종하도록 이끈 그 모든 도도한 신들에게 받치던 참람한 의식들은 부끄러워하지 않으면서 당신의 말씀이 낮아지신 모습으로 계실 때 세우신 성례의식들을 부끄러워 하는 무거운 죄에 대해 죄의식을 느꼈다 합니다. 그래서 그는 모든 허영과 연을 끊고 뉘우쳐 진리로 돌아서게 된 것입니다. 심플리치아누스가 제게 말해 주기를, 어느 날 그가 전혀 예상치 못한 상황에서 뜬금없이 "교회로 가자고. 내 그리스도인이 되길 원하네"라고 말했다 합니다. 그러자 심플리치아누스는 주체할 수 없는 기쁨 속에 그를 교회로 데리고 갔다 합니다. 빅토리누스는 믿음의 첫 번째 신비에 대해 교육을 받았고, 곧 이어 다시 태어나겠다며 자신의 이름을 세례명부에 등록해서 온 로마가 깜짝 놀라고 온 교회가 기뻐했다 합니다.

　마침내 그의 믿음을 고백해야 할 순간이 찾아왔습니다. 로마에서는 당신의 은혜 안으로 막 들어가려는 사람들은 마음으로 배우고 암송해 온 교회가 마련한 고백문을 들고 높은 단위에 올라서서 모든 성도들이 보는 앞에서 읽어 고백합니다. 하지만 심플리치아누스가 말해주기를 공개적으로 믿음을 고백하는 것이 당혹스런 사람들이 그렇게 하듯 빅토리누스 역시 사적으로 믿음을 고백해도 된다고 사제들이 먼저 제안했다고 합니다. 하지만 빅토리누스는 모든 성도들이 모여 보는 앞에서 공개적으로 자신의 구원을 선언하는 것이 좋겠다고 그 제안을 거절했다 합니다. 그가 평생 가르쳐 온 웅변술에는 구원이 없음에도 그는 대중들 앞에서 연설하며 다녔던 사람입니다. 정신 이상자들이 모인 군중 앞에서 자신이 손수 작성한 글을 가지고 연설하는 일도 두려워하지 않던 이가 당신의 온순한 양떼들 앞에서 당신의 말씀되신 자의 이름 부르기를 어찌 겁내했겠습니까?

* CSEL 33:171~174; RDO:291~292

:: 이 믿음의 고백문을 여러분의 가슴에

시릴
(Cyril of Jerusalem, 주후 313~386)

믿음에 대해 배우고 이를 고백하는 여러분은 반드시 성경 위에 세워진 교회의 현재 전통을 받아들이고 간직해야 합니다. 어떤 이들은 글 읽는 법을 배우지 못한 이유로, 또 어떤 이들은 종사하는 일에 바쁜 나머지 시간을 내지 못하는 이유로 인해 모든 이들이 성경을 읽을 수 있는 처지가 안 되지만, 그렇다 해서 무지 속에 그들의 영혼이 방치되는 것을 두고 볼 수 없기에 우리 믿는 바의 전부를 몇 단락 속에 담아 간략하게 요약해 두었습니다.

그래서 이제 여러분에게 이 고백문을 여러분 평생의 생명의 자양분으로 간직하고 결코 다른 것으로 대체하지 말라 권합니다. 설령 제 자신이 변질되서 제가 현재 여러분에게 가르치고 있는 것과 충돌되는 것을 가르친다 해도 절대로 그것을 받아들여서는 안되며, 암흑의 천사가 빛의 천사로 가장하여 여러분을 잘못된 길로 인도한다 해서 절대 따라가서는 안됩니다.

"우리나 혹은 하늘로부터 온 천사라도 우리가 너희에게 전한 복음 외에 다른 복음을 전하면 저주를 받을지어다."[갈 1:8]

그러니 지금은 신앙고백문에 담긴 이해하기 쉽게 쓰인 말들을 듣고 외우는 것으로 만족하십시오. 그러다 적당한 때를 보아 각 항목에 근거로 제시된 성경구절을 찾아 볼 수 있을 것입니다. 믿음에 대한 이 요약문은 사람이 마음에 내키는 대로 엮은 것이 아닙니다. 믿음에 대한 종합적인 진술을 구성하고 완결짓는 데 필요한 가장 핵심적인 부분들은 성경에서 통째로 인용하고 있습니다. 겨자씨가 그 작은 알갱이 안에 무수한 가지들을 담고 있듯이, 이 짧은 믿음의 고백서에는 그래야 하듯 그렇게 그 중심에 신약과 구약성경에서 동일하게 발견되고 있는 모든 신앙의 진리를 보존하고 있습니다. 사랑하는 이들이여, 이런 이유 때문에 여러분이 받아들인 교회의 이 전통을 소중히 여기고 간직해야 하는 것입니다. 이 믿음의 고백문을 여러분의 가슴에다 아로새기십시오.

원수가 우리 중 그 누구도 잠시 한눈 파는 사이에 가로채 가지 못하도록 여기에 적힌 고백들을 철저히 지키십시오. 어떤 이단도 여러분에게 전해진 것을 빼앗아 가지 못하도록 마음을 지키십시오. 믿음은 마치 은행에 보관하라고 여러분에게 맡겨진 돈과 같으니, 하나님은 여러분이 그 돈을 예금하여 둔 계좌를 분명 요구하십니다. 사도 바울이 이렇게 권합니다.

"만물을 살게 하신 하나님 앞과 본디오 빌라도를 향하여 선한 증언을 하신 그리스도 예수 앞에서 내가 너를 명하노니 우리 주 예수 그리스도께서 나타나실 때까지 흠도 없고 책망 받을 것도 없이 이 명령을 지키라."[딤전 6:13~14]

여러분은 생명을 위한 가장 귀한 보배를 받았으니, 주님이 다시 오시면 여러분에게 맡겨두신 그것을 꺼내어 보이라 요구하실 것입니다.

"기약이 이르면 하나님이 그의 나타나심을 보이시리니 하나님은 복되시고 유일하신 주권자이시며 만왕의 왕이시며 만주의 주시니."[딤전 6:15]

그에게 영광과 존귀와 권세를 돌릴지어다. 영원히! 영원히!
* PG 33:519~523; RDO:447~448

제6장
호흡·기도

"내가 주님께 바라는 한 가지 일 그것을 구하리니 곧 내가 내 평생에 주님의 집에 살면서 주님의 아름다움을 바라보며 그의 성전에서 사모하는 그것이라."

[그림 7] 채찍질 당하는 예수님을 그린 멕시코 작가 José David Alfaro Siqueiros(1896-1974)의 유화. 공장 기계의 부속품과 같이 맞물린 예수님의 손가락 관절은 피스톤과 같은 양 팔을 힘입어 금방이라도 캔버스 천을 찢고 감상자들을 칠 것만 같다. 그러나 멕시코인들 특유의 짧고 굵은 목을 지닌 예수님은 감상자들을 외면하고 다른 곳을 향해 눈을 지긋히 감고 다른 세계를 음유하는 듯하다. 몸이 겪고 있는 고통스런 이 세계와 눈과 생각이 사모하는 저 아름다운 이상 세계의 이중성 속에 하나님의 말씀이 인간의 몸을 입고 인간에 의해 고난 당함으로 인간을 고난에서 구원하는 복음의 이중고리가 예수님의 머리에 면류관으로 씌어져 있다.

:: 인간을 통해 일어나는 어떤 기적일지라도

어거스틴
(Augustine of Hippo, 주후 354~430)

누군가 여러분에게 하나님은 눈에 보이는 기적은 행하지 않는 분이라고 말하거든 그런 소리는 귀담아 듣지 맙시다. 그런 소리를 하는 사람들 조차 하나님이 이 세상을 창조하신 것을 인정하기에 이 세계야말로 바로 눈에 보이는 하나님의 작품임을 부인하지 못하기 때문입니다. 그렇다면 이 세상에서 어떤 기적이 일어난다해도 온 세상, 즉 하나님이 친히 만드신 하늘과 땅과 그 안에 깃든 모든 것들보다 경이롭지 못합니다. 하지만 이 세상을 창조하신 이가 우리 눈에 감춰져 보이지 않으시는 것과 마찬가지로 이 세상이 어떻게 창조되었는지 또한 우리에게 감춰져 있어 헤아리기 어렵습니다. 우리 주변에서 날마다 일어나는 기적이기에 익숙해진 나머지 더이상 기적이 기적이 아닌게 되었지만, 그래도 우리가 지혜의 눈을 떠 바라본다면 우리가 상상할 수 있는 가장 기상천외한 일보다 여전히 더 위대한 기적임을 깨닫게 될 것입니다. 제 말의 요점은 인간을 통해 일어나는 어떤 기적일지라도 인간 존재 자체보다 더 위대한 기적은 없다는 말입니다.

그렇기에 하늘과 땅의 모든 눈에 보이는 놀라운 것을 창조하신 하나님은 그가 만드신 세상 안에서 눈에 보이는 기적을 날마다 행하시기를 가벼이 여기지 않으십니다. 그렇게 행하신 기적으로 보이는 물질 속에 사로잡혀 있던 영혼들을 일으켜 세워 보이지 않는 당신 자신을 하나님으로 예배하게 하십니다. 하지만 언제 그리고 어디서 이런 기적을 행하시는지는 그의 변함없는 경륜 속에 감추어진 비밀입니다. 이 경륜 속에 모든 미래에 일어날 일들이 이미 현재에 이루어진 것이 되었습니다. 하나님은 시간의 물결을 따라 역사를 일으키시되 자신은 시간의 물결에 흐르지 않습니다. 하나님은 이제 막 일어날 일을 마치 이미 일어난 일처럼 알고 계십니다. 하나님은 우리가 이제 기도하려고 막 무릎을 꿇는 것을 보는 순간과 우리의 기도를 들으시는 순간 사이에 차이가 없어 보이십니다. 그를 섬기는 천사들이 우리의 기도를 들을 때 조차 그 천사들 안에서 사람의 손으로 짓지 않은 참된 성전안에 거하고 계시듯, 이 땅위에 사는 그의 성도들 안에 거하시며 들으시는 이는 하나님이십니다. 하나님의 영원하신 율법에서 나오는 그의 명은 그때가 되면 성취됩니다.

　* CCL 47:286~287; RDO:455

:: 주께 바라는 한 가지 일 그것을 구하리니

어거스틴
(Augustine of Hippo, 주후 354~430)

어째서 우리는 기도하지 않으면 당연히 찾아오는 두려움 때문에 기도할 것이 무엇인지 찾아 헤메느라 여러 가지 것들에 마음을 분주히 빼앗긴단 말입니까? 어째서 그러기보다는 시편에 기록된 것처럼 고백하지 않는단 말입니까?

"내가 주님께 바라는 한 가지 일 그것을 구하리니 곧 내가 내 평생에 주님의 집에 살면서 주님의 아름다움을 바라보며 그의 성전에서 사모하는 그것이라."[시 27:4]

거기서는 하루의 날들이 차례로 왔다가 지나가지 않습니다. 하루의 시작은 다른 하루의 끝을 의미하지도 않습니다. 모든 날들이 하나여서 동시에 찾아오며 그 끝도 없습니다. 그렇기에 이 날들 속에서 사는 생명에는 끝이 없습니다.

친히 이 생명이신 그분께서 어떻게 기도해야 하는지를 직접 가르쳐 주셔서 우리로 복된 생명을 얻도록 하셨습니다. 길게 늘여 많은 말들로 가르쳐 주셨다면 혹 우리가 귀를 더 가까이 기울였을지도 모르지만, 몇 마디로만 간략하게 가르쳐 주셨습니다. 주님도 친히 말씀해 주셨지만, 결국 우리는 우리가 구하기도 전에 우리에게 필요한 것이 무엇인지 알고 계시는 분께 기도합니다.

만약 우리 주님과 하나님이 우리가 원하는 것을 알고 싶어하시기보다는 기도함으로 우리의 소원을 계속 키워 하나님이 우리에게 주시려고 준비해 두신 것을 받을 수 있는 그릇이 되기를 원하고 계심을 깨닫지 못한다면, 우리가 구하기 전에 우리에게 필요한 것이 무엇인지 이미 아는 분께서 우리더러 기도하라고 요구하시는 것은 도대체 무슨 이유에서일까 우리는 궁금해 질 수밖에 없습니다. 그가 준비해 두신 선물은 실로 대단히 크고 무거운데 우리의 그릇은 그것을 받기에 너무 작고 약합니다. 그래서 이런 가르침을 듣습니다.

"너희도 마음을 넓히라 너희는 믿지 않는 자와 멍에를 함께 메지 말라."[고후 6:13~14]

우리의 믿음이 깊어질수록 우리의 소망도 커지고, 우리의 소원이 커질수록 실로 커다란 선물을 받을 수 있을만큼 우리의 그릇도 커질 것입니다. "하나님이 자기를 사랑하는 자들을 위하여 예비하신 모든 것은" 색깔이 없기에 "눈으로 보지 못하고" 소리가 나지않기에 "귀로 듣지 못하고" 사람의 마음이 그 속

으로 들어가야 하기에 "사람의 마음으로 생각하지도 못한" 것입니다.[고전 2:9]

　이 믿음과 소망과 사랑 안에서 우리는 언제나 쉽게 포기할 줄 모르는 불굴의 소원을 가지고 기도합니다. 그러면서 우리는 정해진 시간과 주기에 맞춰 우리의 말을 가지고 하나님께 기도하는데, 이 기도의 언어들을 통해 우리 자신을 돌아보고 또 우리가 지닌 소원에 어떤 진척이 있었는지 가늠해 보면서 이 소원이 더 깊어지도록 우리 자신을 채찍질합니다. 소원하는 것이 뜨거우면 더 뜨거울수록 그 보상의 열매는 더 값질 것입니다. 사도 바울께서 "쉬지 말고 기도하라"[살전 5:17] 권하신 것은 바로 이런 의미였습니다. "영원하지 않고는 아무것도 아닌 이 복된 생명을 쉬지 말고 바라라. 그리고 홀로 이 생명을 주실 수 있는 분에게 구해라."

　* CSEL 44:56~57, 59~60; RDO:377

:: 새벽 동 터오는 곳을 향해

클레멘트
(Clement of Alexandria, 주후 150~215)

 간결하고 명확히 말해서 기도는 하나님과의 대화입니다. 입술을 벌리지 않고 우물거리며 하나님께 속삭이듯 말할 때도 여전히 우리의 마음은 그를 향해 울부짖고 있습니다. 하나님은 사람의 귀로는 들리지 않는 우리 마음의 소리에 쉼 없이 귀를 기울이시는 분입니다. 그렇기 때문에 우리 역시 기도의 마무리를 향해 끓어오를 때 이성의 세계 속으로 날아들어온 성령님을 따라 하늘을 향해 고개를 쳐들고 우리의 손을 높여 들고 발꿈치를 들어 올립니다. 그렇게 기도를 내뱉으며 육체의 속박과 영혼의 구속을 떨쳐 버리고 신령한 것에 대한 사모함으로 날개짓하며 지상으로부터 발을 떼어 거룩한 곳을 향해 날아 올라갑니다.

동쪽은 '태어난 날'을 상징하는데다 여기로부터 빛이 처음으로 어둠을 뚫고 나와 비추고, 진리를 아는 계시의 시대가 무지함 가운데 앉아있는 사람들에게 태양과 같이 그 빛을 비추기 시작했기에 우리의 기도는 새벽 동 터오는 곳을 향해 이루어져야 합니다. 이런 이유로 고대에 지어진 대부분의 성전들은 그 입구가 서쪽을 바라보도록 자리 잡고 있어 제단 앞에 서면 자연스레 동쪽을 향하게 되어 있었습니다.

"나의 기도가 주의 앞에 분향함과 같이 되며 나의 손 드는 것이 저녁 제사 같이 되게 하소서."[시 141:2]

* PG 9:456, 461, 464; RDO:82

:: 하나님께 영으로 올려드리는 제사

터툴리안
(Tertullian of Carthage, 주후 160~220)

　기도는 구약시대의 제사를 대체하는 영으로 올려드리는 제사입니다. "너희의 무수한 제물이 내게 무엇이 유익하뇨?"하고 하나님이 물으십니다. 계속해서 물으십니다.

　"나는 숫양의 번제와 살진 짐승의 기름에 배불렀고 나는 수송아지나 어린 양이나 숫염소의 피를 기뻐하지 아니하노라 너희가 내 앞에 보이러 오니 이것을 누가 너희에게 요구하였느냐?"[사 1:11~12]

　하나님이 우리에게 요구하시는 것을 복음서에서 찾아볼 수 있습니다 주님이 말씀하셨습니다.

> "아버지께 참되게 예배하는 자들은 영과 진리로 예배할 때가 오나니 곧 이 때라 아버지께서는 자기에게 이렇게 예배하는 자들을 찾으시느니라 하나님은 영이시니 예배하는 자가 영과 진리로 예배할지니라."[요 4:23~24]

우리들이야 말로 참된 예배자들이요, 참된 제사장들입니다. 우리는 영으로 기도하니, 곧 기도의 예물을 하나님께 올려드립니다. 기도는 하나님께 속한 것이기에 하나님이 받으실 제물입니다. 당신의 것으로 삼으시고 우리에게 바칠 것을 요구하시는 제물입니다. 우리는 이 제물을 우리의 온 마음을 다해 바쳐야 합니다. 믿음으로 이 제물을 살찌우고, 진리로 돌보며, 절제를 통해 순결하여 흠 없게 키우며, 사랑으로 관 씌워야 합니다. 시편과 찬송 소리에 맞춰 선한 행실로 걸어 나오면서 이 제물을 하나님의 제단 앞까지 고이 데려가야 합니다. 그러면 하나님께 구하는 모든 것을 얻게 될 것입니다.

하나님이 신령과 진정으로 드리는 기도의 제사를 요구하셨으면서 어떻게 그 요구를 충족시킨 기도를 거절하시겠습니까? 우리가 읽고 듣고 믿으며 수집한 기도의 권능을 나타내는 증거들은 얼마나 많습니까?

구약시대 기도는 그리스도께서 앞으로 이루실 완전함에 채 이르지 못했음에도 불과 맹수와 기근으로부터 구원하는 권능이 있었습니다. 그렇다면 지금 우리 그리스도인의 기도의 권능은 얼마나 더 위대하단 말입니까? 더이상 그리스도인의 기도는 활활 타올라서 견딜 수 없는 마음에 천사의 안식을 가져다 주지도 않고, 사자의 입을 막지도 않고, 배고픈 자에게 밭에서 나는 음식을 가져다 주지도 않습니다. 더이상 다른 이들을 위해 은혜를 간구할 때 그들이 겪는 온갖 고통을 말끔히 씻어 주지도 않습니다. 그러나 기도는 고난과 고통 중에 괴로워 하는 사람들에게 인내의 갑옷을 입혀줍니다. 기도는 은혜에 권능을 더해줌으로 믿음으로 하여금 주님으로부터 받을 것이 무엇인지, 또 하나님의 이름을 위해 받는 고난의 의미가 무엇인지 깨닫게 해 줍니다.

과거에 기도는 징벌을 내리고, 적군을 패각시키고, 비의 축복을 틀어막는 권능이 있었습니다. 하지만 현재 의인의 기도는 하나님의 모든 분노를 비껴가게 하고, 적군을 밤새 치료해 주며, 자신을 핍박하는 자들을 위해 간구하게 만드는 권능이 있습니다. 기도로 하늘에서 불을 내릴 수 있었다면 물을 내려 (그 불을 꺼달라고) 기도하는 것이 어디 못할 일이겠습니까? 기도는 하나님을 움직이는 방편의 하나입니다. 하지만 그리스도께서는 악한 일을 도모하기 위해 기도하려는 마음을 품지 않으셨고, 그렇게 기도의 그 모든 권능을 선한 일을 위해 온전히 사용하셨습니다.

기도는 죽음으로 향해 가는 여정에 있는 자의 발걸음을 돌이키고, 연약한 자에게 힘을 주며, 병든 자를 고치고, 귀신 들린 자를 자유케 하며, 감옥문을 열어 제치고, 무고한 자의 결박을 풀어주는 데 그 솜씨를 발휘합니다. 기도는 죄를 깨끗이 씻어 주고, 유혹을 몰아내며, 핍박을 물리치고, 놀랜 마음을 진정시키며, 담대한 자에게 새로운 힘을 주고, 여행자를 안전하게 귀향시키며, 사나운 물결을 잠잠케 하고, 강도를 물리치며, 가난한 자의 필요를 공급하고, 부유한 자를 압도하며, 쓰러진 자를 일으켜 세우고, 넘어지려는 자를 부축하며, 굳게 선 자를 붙들어 줍니다.

모든 천사들이 기도하며, 만물이 기도합니다. 가축, 들짐승도 무릎을 꿇고 기도합니다. 그 거하는 축사나 암굴에서 나오면서 하늘을 우러러 울부짖으면서 생긴 속성대로 그 영을 위로 올립니다. 새들도 하늘로 날아오릅니다.

손 대신 날개를 활짝 펼쳐 십자가 모양을 만들며 나름의 기도하는 소리인 것 같은 울음을 지릅니다. 주께서 몸소 기도하셨습니다. 기도해야 할 당위성에 대해 무슨 이유가 더 필요하겠습니까? 주께 존귀와 권세가 영원히!

* CCL 1:273~274; RDO:147~148

:: 여기에는 교만은 없고 다만 겸손이

암브로시우스
(Ambrosious of Milan, 주후 337~397)

"감사로 하나님께 제사를 드리며 지존하신 이에게 네 서원을 갚으며…"[시 50:14]

하나님을 경배한다면 여러분의 서원을 하나님께 드리고 약속한 것을 이루십시오. 주님이 내리시는 명령으로 나병을 고침 받았던 사마리아인은 다른 아홉 명의 환자보다 큰 칭찬을 받았습니다. 이 사람 외에는 하나님께 영광과 감사를 돌리기 위해 그리스도께로 돌아온 자가 단 한 명도 없었던 것입니다. 예수님이 그에게 말씀하셨습니다.

"이 이방인 외에는 하나님께 영광을 돌리러 돌아온 자가 없느냐 일어나 가라 네

믿음이 너를 구원하였느니라."[눅17:18~19]

　주 예수님이 하늘로부터 오는 지혜 속에 좋은 것을 주실 줄 아시는 하나님 아버지의 선하심에 대해서 가르쳐 주셨습니다. 그리고 하나님의 선하심으로부터 나오는 선한 것들을 구하라 이르셨습니다. 주 예수님은 진솔한 마음으로 자주 기도드려야 한다고 힘주어 말씀하셨습니다. 한 번에 장황하고 지루하게 드리기보다는 자주 드리되 끈기를 가지고 드리라 말씀하셨습니다. 기도를 소홀히 여기면 기도에 대해 무관심해지게 되는 반면, 장황하게 기도드리면 의미 없는 빈 껍데기 같은 말들로 채우게 됩니다.

　다시 한 번 말씀드리지만, 그리스도께서 여러분에게 강권하시기를 여러분 자신을 용서해 달라고 기도할 때 특별히 다른 이들을 관대하게 대하라고 하십니다. 그렇게 해서 여러분의 선한 행실 자체가 여러분의 기도를 세워 주도록 말입니다. 사도 바울도 어떻게 기도할 지를 가르쳐 줍니다. 분노와 다툼이 없도록 하여 여러분의 기도가 고요하고 알찬 것이 되게 하라 일렀습니다.[딤전 2:8] 이에 앞서 모든 곳이 기도할 처소라고 말합니다. 우리 구원자는 "네 골방에 들어가"[마 6:6] 기도하라고 가르쳐 주셨는데 어느 장단에 맞춰야 하는지⋯

　하지만 여기서 '골방'을 여러분의 몸을 가두는 벽으로 둘러싸인 공간으로 이해해서는 안됩니다. 여기서 골방이란 바로 여러분 안에 있는 공간으로, 여러분의 생각을 담고 마음을 간직하는 곳을 말합니다. 이 기도의 골방은 그렇기에 여러분이 어디로 가던지 여러분과 함께 있고, 그러면서도 오직 하나님만 여러분을 보실 수 있는 비밀의 방입니다.

특별히 형제와 자매들을 위해 중보기도하라고 합니다. 즉 온 몸을 위해, 그 몸에 속한 모든 지체들을 위해, 어머니 된 교회의 가족들을 위해 기도하라고 합니다. 몸된 교회에 속해 있음을 알려주는 증표는 '서로 사랑'입니다. 자신만을 위해 기도하는 사람은 몸에서 홀로 떨어져 기도하는 사람입니다. 여러분 각자가 자신만을 위해서 기도한다면 다른 사람을 위해 기도하는 사람이 하나님의 선하심을 받는 것보다 더 적게 받게 될 것입니다. 몸에 속한 사람 중 한 사람도 중보기도 대상에서 빠지지 않아야 마땅한데, 각각의 사람이 모두를 위해서 기도한다면 이루어집니다.

앞서도 말했지만 결론적으로 말해서, 자신만을 위해 기도하는 사람은 몸에서 홀로 떨어져 기도하는 사람입니다. 하지만 모두를 위해 기도한다면 여러분 자신이 모두 안에 속해 있기에 모두가 여러분을 위해 기도하게 될 것입니다. 이런 이유 때문에 중보기도에는 놀라운 상급이 뒤따라옵니다. 각 사람들이 모두를 위해 기도함으로 전체 회중의 중보기도가 한 사람, 한 사람을 위하게 되는 것입니다. 여기에는 교만은 없고 다만 겸손이 자라 풍성하게 맺는 기도의 수확거리만이 기다리고 있습니다.

* CSEL 32:369, 371~372; RDO:251~252

:: 손을 내밀어 영혼을 내어놓고

오리겐
(Origen of Alexandria, 주후 185~254)

　제 견해로는 기도하러 오기 전에 잠시나마 일상에서 물러나 준비하고 온 사람들이 대개 더 간절하며 진실되게 기도하면서 주님의 음성에 귀 기울이는 것으로 보입니다. 기도의 자리에 나온 사람들은 온갖 마음의 잡념과 소요를 물리치고, 그들이 기도하러 앞에 나온 하나님의 위대하심을 할 수 있는 한 많이 기억해야 합니다. 하나님 앞에 나오면서도 크게 신경쓰지 않는다는 듯 가벼운 마음으로 거리낌 없이 나온다면 하나님을 욕보이는 것입니다. 하나님 앞에 나오는 사람들은 또한 말도 안되는 온갖 잡념들을 떨쳐내야 합니다. 그렇게 하나님 앞에 기도하러 나와서 손을 내밀어 영혼을 내어놓고, 눈을 들어 하나님을 향해 마음을 맞추고, 지면으로부터 지각^{知覺}을 들어올려 만물의 주님 앞에 세워 두어야 합니다. 누구나 하나님이 자신을 향해 쓴 마음을 품고있지 않으시길 바라듯, 내 자신에게 잘못을 저질렀다고 생각되는 사람들을 향해 품고있는 쓴 마음을 내버려야 합니다. 자신 또한 여러 이웃들에게 상처를 주며 잘못을 범하기도 했고, 아니면 무엇이 옳은지 알면서도 그것을 거스르며 행했던 여러 행동을 스스로 잘 알고 있기 때문입니다.

기도하기 위해 여러 가지 자세를 취할 수 있지만, 손을 하늘로 펼쳐 들고 눈을 위로 향해 드는 자세야 말로 모든 사람에게 권장할만한 기도의 자세임에 틀림없습니다. 이 자세야말로 영혼의 기도를 뒷받침해 주기에 적합한 몸의 형태를 구현해 주기 때문입니다. 하지만 이 자세를 '권장할 만하다'고 말한 데는 부득불 그렇게 하지 못할 여건이 아니라면 그렇게 하는 것이 가장 좋겠다는 뜻입니다. 발에 병이 생겨 일어서지 말하야 할 여건이라면 앉은 자세로 기도할 수도 있고, 열병 같은 병으로 인해 누워 있어야 할 여건이라면 누운 자세로 기도해도 괜찮습니다. 할례를 받았다던지 아니면 항해 중이라던지, 장사하는 데 여건이 여의치 않아서 시간을 따로 내어 기도드리는 것이 (당연함에도) 어렵다면 심지어 누가봐도 기도하고 있는 것처럼 보이지 않는 자세로 기도해도 괜찮습니다.

하나님 앞에서 저지른 죄를 자복하고 그로부터 자신을 회복시키고 용서해 주시기를 간청할 때 무릎을 꿇고 기도 하는 자세는 하나님께 항복하고 순종하려는 사람이 상징적으로 취해야 할 자세로 알려져 있습니다. "그러므로 내가 하늘과 땅에 있는 각 족속에게 이름을 주신 아버지 앞에 무릎을 꿇고 비노니…"[엡 3:14~15] 하고 사도 바울은 말합니다. "하늘에 있는 자들과 땅에 있는 자들과 땅 아래에 있는 자들로 모든 무릎을 예수님의 이름에 꿇게 하시고…"

[빌 2:10]에서 "예수님의 이름에" 모든 만물이 하나님 앞에 무릎을 꿇고 스스로를 낮춘다는 것으로 보아 무릎을 꿇고 기도한다는 것은 영적인 항복을 의미하는 것으로 보입니다.

* PG 11:549~552; RDO:101~102

:: 다 표현해도 모자란 사랑이어서

요한 크리소스톰
(John Chrysostom of Constantinople, 주후 347~407)

하나님과 나누는 사랑의 대화인 기도야말로 최고의 복입니다. 기도는 하나님과의 교제이자 그와의 연합입니다. 빛이 비출 때 우리 몸에 달린 눈이 더 초롱하게 빛나듯, 그를 갈망하는 우리의 영혼은 하나님으로부터 나오는 형언할 수 없는 빛으로 환하게 빛납니다. 기도는 어떤 외적인 노력으로 빚어내는 결과물이 아닙니다. 이것은 마음으로 빚어낸 것입니다. 몇 시간, 몇 분 이렇게 시간을 정해두고 해야하는 것이 아니라 밤과 낮의 구별 없이 하루종일 쉼없이 행해야 하는 노동입니다.

자신의 생각을 하나님께 맞추겠다고 작정하고 기도한다고 될 일이 아닙니다. 가난한 자들을 돌보아 준다든지 혹은 다른 이들에게 도움이 되는 선한 일들을 하느라 정신 없는 중에라도 그 일 가운데 계속해서 하나님을 갈망하고 기억하면 됩니다. 그렇게 하면 '하나님 사랑'이라는 소금으로 간을 맞춘 임금님 수라상 음식으로 주님을 대접하는 것입니다.

　기도는 영혼의 빛이요, 하나님을 아는 참된 지식이요, 하나님과 인간 사이를 이어주는 끈입니다. 영혼은 기도를 업고 하늘로 올라가 다함없는 사랑으로 구원자의 품에 안깁니다. 어미 젖에서 떨어지지 못한 갓난 아기처럼 기도란 신령한 젖에 굶주려 하나님께 울며 떼쓰는 것입니다. 가장 깊숙한 곳에 꼭꼭 숨겨둔 소원을 표현하는 것이며, 지상에 있는 어떤 것보다 값진 선물을 받는 것입니다. 기도를 통해 공손히 나아가 하나님을 뵈오니, 기도는 우리 마음의 기쁨이요 우리 영혼의 안식입니다.

　기도는 우리의 영혼을 하늘에 있는 영생수의 원천으로 데려다주고, 그 원천에서 떠마신 한 모금은 우리의 영혼을 만족시켜 주며, 우리의 영혼에서 "영생하도록 솟아나는 샘물"[요 4:14]을 퍼올립니다. 기도는 앞으로 주어질 좋은 것들에 대한 현실적인 확신을 믿음 안에 놓아 두며, 현재 누리고 있는 축복들을 보다 더 밝히 보여줍니다. 기도가 말에 지나지 않는다고 생각조차 마십시오. 기도는 하나님께 이르는 도약이며 우리가 억지로 꾸며낸 것이 아니다 표현해도 모자란 사랑이기에 사도 바울은 이렇게 말합니다.

　　"우리는 마땅히 기도할 바를 알지 못하나 오직 성령이 말할 수 없는 탄식으로
　　우리를 위하여 친히 간구하시느니라."[롬 8:26]

　주님이 누구에게나 값 없이 주신 이러한 기도는 빼앗길 수 없는 보물이요,

영혼을 만족시켜 주는 하늘의 음식입니다. 이 음식을 맛본 이마다 하나님을 향한 영원한 갈망으로, 활활 타오로는 불꽃으로 태워 그 가슴이 뜨거워집니다. 이 불꽃이 여러분 안에서 활활 타오르게 하여 여러분의 마음이 거하는 처소를 다정다감함과 낮아짐으로 장식하고 그 바닥을 선한 행실로 윤나게 닦으십시오.

  그렇게 여러분의 집안을 알록달록한 타일 대신 믿음과 관대함으로 꾸미십시오. 그리고 집 짓는 마무리 작업으로 건물 꼭대기에 기도를 세우십시오. 그러면 여러분의 집을 주님을 모실만한 왕궁으로 단장하여 곧 은혜로 찾아오실 주님을 이미 여러분의 거처에, 즉 여러분 영혼의 성전에 모시어 들이게 되는 것입니다.

  * PG 64:462~463, 466; RDO:431~432

:: 기도와 금식과 긍휼, 이 셋은 하나이기에

베드로 크리솔로구스
(Peter Chrysologus of Ravenna, 주후 380~450)

　형제들이여, 믿음을 굳게 세우고 헌신을 식지않게 하며 미덕을 오래도록 보존시켜 주는 세 가지가 있습니다. 바로 기도와 금식과 긍휼입니다. 기도는 문을 두드리며, 금식은 찾아내며, 긍휼은 받습니다. 기도와 금식과 긍휼, 이 셋은 하나이기에 각자는 서로로 인해 존재합니다.

　금식은 기도의 영혼이며, 긍휼은 금식의 혈액입니다. 그러니 그 누구도 이 셋을 따로 분리시켜서는 안될 것입니다. 이 셋은 서로에게서 분리될 수도 없습니다. 셋 중에서 하나만 가지고 있다든지 아니면 셋 중 어느 하나라도 가지고 있지 않다면 아무것도 가지고 있지 않은 것입니다. 그러니 기도하면 금식해야 하며, 금식하면 긍휼을 베풀어야 하며, 여러분의 간구가 들려지기 원한다면 다른 이들의 간구를 들어야 합니다. 다른 이의 소리에 여러분의 귀를 닫아두지 않음으로 여러분의 소리가 하나님의 귀를 열 것입니다.

금식하거든 다른 이들이 결식하는 것을 보십시오. 하나님이 여러분의 굶주림을 알아주시기 바라거든 다른 이의 굶주림을 알아주십시오. 긍휼을 바라거든 긍휼을 베푸십시오. 호의를 바라거든 호의를 베푸십시오. 받기 원하거든 주십시오. 다른 이들의 부탁을 거절한 그것을 하나님이 여러분에게 주시기를 부탁한다면 그것은 헛수고일 뿐입니다.

긍휼을 베풀기 원하는 사람마다 다음의 원칙을 따르면 됩니다. 다른 이들이 여러분에게 베풀어 주기 원하는 동일한 방식과 동일한 넉넉함과 동일한 긴급함을 가지고 긍휼을 베푸는 것입니다.

그러므로 기도와 긍휼과 금식, 이 셋이 우리들을 위해 하나님께 드리는 하나의 청원, 우리들을 옹호해 줄 하나의 변호, 우리가 얻을 은혜를 위한 삼겹줄의 기도가 되도록 합시다.

다른 사람들을 멸시했기에 우리가 잃게 된 것들을 금식을 통해 메꾸도록 합시다. 금식의 제물로 우리의 심령을 올려드립시다. 상한 심령보다 하나님을 기쁘시게 할 제물이 없기에 시편기자가 이렇게 노래합니다.

"하나님의 구하시는 제사는 상한 심령이라 하나님이여 상하고 통회하는 마음을 주께서 멸시치 아니하시리이다."[시 51:17]

하나님께 여러분의 심령을 올려드리고 여러분의 금식을 봉헌하십시요. 그렇게 여러분 심령이 순전한 제사요, 거룩한 제물이요 또한 살아있는 희생물이 되어서, 여러분 자신의 모습 그대로 남아 있으나 또한 동시에 하나님께 드려져 속한 것이 됩니다. 하나님께 여러분 자신을 드린다면 여러분이 드릴 수 있는 모든 것을 다 드리는 것이기에, 자신을 하나님께 드리는 데 실패한다면 하나님의 변호를 받지 못할 것입니다.

기도와 금식이 하나님이 받으실 만한 것이 되기 위해서는 긍휼이 반드시 함께 드려져야 합니다. 긍휼의 물을 대지 않으면 금식의 나무에는 과실이 달리지 않을 것입니다. 긍휼이 마르면 금식도 말라 버립니다. 긍휼과 금식의 관계는 비와 대지의 관계와 같습니다. 여러분의 마음 밭을 얼마나 잘 개간하고, 성품의 토양을 부드럽게 고르고, 악을 뽑아버리고, 미덕의 노력을 기울였던지 간에 그 밭에 긍휼의 생수를 대지 않으면 여러분의 금식은 아무 열매도 맺지 않을 것입니다.

금식할 때 여러분의 긍휼이 빈약했다면 여러분의 소출도 그리될 것입니다. 금식하면서 긍휼한 마음으로 쏟아 부은 것이 여러분의 곳간에 차고 넘칠 것입니다. 그러니 쌓아두다가 잃어버리지 말고, 나누어 줌으로 모으십시오. 가난한 자들에게 베푸는 것이 곧 자신에게 베푸는 것입니다. 다른 이들에게 주기를 거절한 것이라면 또한 소유할 수 없게 되어 있습니다.

* PL 52:320, 322; RDO:121~122

THE FACE OF JESUS,
REFLECTED IN THE EYES OF THE EARLY CHURCH FATHERS

제7장
노동·섬김

"타인을 향한 긍휼 넘치는 보살핌이 발견되는
 그곳에서 하나님은 자신의 선한 형상을
 알아보십니다."

[그림 8] 벚꽃이 만발한 어느 봄날 온 식구가 뒤 뜰에서 노동하고 있는 한 가정, 소년 예수님의 가정을 비단 화폭에 담은 일본화(20세기). 소년 예수님은 목재 하나를 어깨에 짊어지고 같은 붉은색 상의를 입은 어머니 마리아 쪽에서 톱질을 하고 있는 아버지 요셉에게로 걸어가고 있다. '오, 장차 십자가를 어깨에 짊어지고 걸어갈 그리스도의 모습을 예시하는구나!' 라고 기계적인 신학적 해석의 딱딱함을 여린 소년의 어깨에 얹어두기에 소년 예수님의 표정은 주변의 그것과 다르지 않게 안정되고 평화롭다. 만발한 꽃과 푸르른 풀밭 그리고 저 멀리 고요한 강물, 무엇보다 온화한 식구들의 얼굴 속에서 그저 모든 것이 있어야 할 그 자리에 있는 창조계의 질서를 가꾸는 인간의 노동의 신성함만이 드러나고 있다.

:: 네가 온전하고자 할진대

키프리안
(Cyprian of Carthage, 주후 (208)~258)

　주님은 우리 인생의 대스승이시자 영원한 구원의 대주재이십니다. 주님은 믿는 자들을 불러 모임을 일으키시고, 그렇게 일으켜진 모임에 필요한 것들을 영원히 공급하십니다.

　복음서 안에 그런 주께서 내리신 신성한 직무와 하늘의 계율 중에서 다른 어떤 것들보다 자주 지키라 정하시고 명하신 것이 있는데, 바로 열심히 구제 활동을 할 것과 땅의 제물을 쌓아두고 의지하지 말고 하늘의 창고에 보물을 쌓아두라는 것이었습니다.

　"너희 소유를 팔아 구제하여"[눅 12:33]라고 주님이 말씀하셨습니다. 또 말씀하시기를 "너희를 위하여 보물을 땅에 쌓아 두지 말라 거기는 좀과 동록이해하며 도둑이 구멍을 뚫고 도둑질하느니라 오직 너희를 위하여 보물을 하늘에 쌓아 두라 거기는 좀이나 동록이 해하지 못하며 도둑이 구멍을 뚫지도 못하고 도둑질도 못하느니라. 네 보물 있는 그 곳에는 네 마음도있느니라."
[마 6:19~21]

제 있던 곳에서 모세의 계명을 지켜 순종함으로 온전하여진 한 사람에게 주님이 제안하셨습니다.

"네가 온전하고자 할진대 가서 네 소유를 팔아 가난한 자들에게 주라 그리하면 하늘에서 보화가 네게 있으리라 그리고 와서 나를 따르라."[마 19: 21]

여기서 끝이 아닙니다. 복음서의 또 다른 곳에서 주님은 하늘의 은혜를 손에 넣고 영원한 구원을 구입하려는 사람, 즉 '그리스도의 피'라는 엄청난 값을 주고 사들인 영생이라는 값진 진주를 얻으려는 사람은 자기 가진 모든 소유를 팔아야 한다고 선언하십니다.

"또 천국은 마치 좋은 진주를 구하는 장사와 같으니 극히 값진 진주 하나를 발견하매 가서 자기의 소유를 다 팔아 그 진주를 사느니라."[마 13: 45~46]

마지막으로 살펴보면 주님은 당신 보시기에 가난한 자들을 열심히 돕고 돌보는 사람들을 아브라함의 자녀라 부르고 계십니다. 삭개오가 "내 소유의 절반을 가난한 자들에게 주겠사오며 만일 누구의 것을 속여 빼앗은 일이 있으면 네 갑절이나 갚겠나이다" 하고 고백하자, 예수님은 "오늘 구원이 이 집에 이르

렸으니 이 사람도 아브라함의 자손임이로다"[눅 19: 8~9]라고 선언하십니다.

아브라함이 하나님을 믿어 이로서 그를 의롭다 여기셨다면 하나님의 계율을 지켜 구제를 베푼 사람은 하나님을 믿는 사람이 분명하며, 믿음의 진수를 소유한 사람은 하나님을 경외하는 사람이 분명합니다. 더 나아가 하나님을 경외하는 사람은 가난한 자에게 긍휼을 베풂으로 자신이 하나님 경외하는 줄을 나타낼 것입니다. 여러분은 믿기에 수고를 마다하지 않습니다. 하나님 말씀이 증거하는 바 열매 맺지 못하는 나무들, 즉 매정한 사람들은 도끼로 찍혀져 불에 던져질 것이나 긍휼 넘치는 사람들은 하나님 나라로 들어가는 것이 진실이며 신성한 성경은 거짓을 말하지 않음을 믿기에 수고를 마다하지 않는 것입니다.

그래서 우리 주님은 다른 곳에서 '충성된'이란 단어를 근면하여 풍성한 이익을 남기는 사람에게 사용하시되, 이익을 내지 못하고 빈약한 사람에게 충성되지 못하다며 책망하십니다.

"너희가 만일 불의한 재물에도 충성하지 아니하면 누가 참된 것으로 너희에게 맡기겠느냐 너희가 만일 남의 것에 충성하지 아니하면 누가 너희의 것을 너희에게 주겠느냐?"[눅 16: 11~12]

* PL 4:630~631; RDO:359~360

:: 이것이야말로 인간이 누리는 영광

이레나이우스
(Irenaeus of Lyons, 135/140~202)

하나님의 말씀이신 우리 주님은 애초에 인간을 하나님의 종으로 삼으셨지만, 후에는 자신에게 속한 자들에게 자유를 주셨습니다. 그래서 친히 이렇게 선언하셨습니다.

"이제부터는 너희를 종이라 하지 아니하리니 종은 주인이 하는 것을 알지 못함이라 너희를 친구라 하였노니 내가 내 아버지께 들은 것을 다 너희에게 알게 하였음이라."[요 15:15]

태초에 하나님이 아담을 만드셨는데, 이는 하나님이 인간을 필요로 하셨기 때문이 아니라 그의 축복을 받을 대상을 두기 원하셨기 때문입니다. 하나님의 말씀은 아담 앞에서만이 아니라 모든 창조물 앞에서 자신이 안에 거하고 있는 아버지를 영화롭게 했고, 자신 또한 아버지에 의해 영화롭게 되었습니다. 말씀께서 이렇게 기도했습니다.

"아버지여 창세 전에 내가 아버지와 함께 가졌던 영화로써 지금도 아버지와 함께 나를 영화롭게 하옵소서."[요 17:5]

주께서는 우리의 섬김을 필요로 하는 분이 아니십니다. 주님은 우리더러 당신을 따르라고 명하셨지만, 그가 주실 것은 바로 구원의 선물이었습니다. 구원자를 따른다는 것은 구원에 동참하는 것입니다. 빛을 쫓는 것은 그 빛을 즐거워하는 것입니다. 빛 속에 있는 자들은 빛을 발하는 것이 아니라 그 빛으로 인해 밝고 환해지는 것입니다. 그들이 빛에 보탠 것은 하나도 없고, 다만 빛을 받아 누리는 것 뿐입니다.

하나님을 섬기는 것 역시 마찬가지입니다. 우리가 하나님께 뭔가를 보태어 드리지도 않고, 또 하나님이 우리의 섬김을 필요로 하시는 것도 아닙니다. 다만 하나님은 당신을 따르며 섬기는 자들에게 생명과 불사[不死]와 영원한 영광을 주십니다. 하나님은 당신을 섬기고 충성되이 따르는 자들에게 이로운 것들로 베푸시되, 그들로부터 어떤 이익도 얻지 않으십니다. 하나님은 부유하고 완전하셔서 어떤 것에도 필요를 느끼지 않으십니다.

그런 하나님이 우리의 섬김을 요구하시는 이유는 이것입니다. 하나님은 선하시고 긍휼이 넘치셔서 당신을 끝까지 섬기는 자들에게 이로움을 베풀고 싶어하시기 때문입니다.

아무 필요도 느끼지 않는 하나님의 부요하심과 하나님과의 교제가 필요한 우리의 가난이 만나 평형을 이룹니다. 끝까지 하나님을 한결같이 섬기는 것, 이것이야말로 인간이 누리는 영광입니다. 이 영광에 대해서 주님이 그의 제자들에게 이렇게 말씀하셨습니다.

"너희가 나를 택한 것이 아니요 내가 너희를 택하여 세웠나니…"[요 15:16]

주님의 이 말씀은 제자들이 그 뒤를 따르면서 당신을 영화롭게 하는 것이 아니라, 하나님의 아들을 뒤따르는 그들이 당신으로 인해 영화로워 진다는 뜻이었습니다. 그래서 우리 주님이 이렇게 기도하십니다.

"아버지여 내게 주신 자도 나 있는 곳에 나와 함께 있어 아버지께서 창세 전부터 나를 사랑하시므로 내게 주신 나의 영광을 그들로 보게 하시기를 원하옵나이다."[요 17:24]

* SC 100:534~540; RDO:157~158

:: 하나님의 인자하심을 닮아

나지안주스의 그레고리
(Gregory of Nazianzus, 주후 329~390)

　누구로 말미암아 여러분이 존재하고, 숨을 쉬며, 지각하고, 지혜를 얻으며, 무엇보다 하나님을 알고, 지금은 비록 거울로 보는 것 같이 흐릿하나 언젠가는 깨끗하고 완전하게 보게 될 하나님의 나라와 그 영광스런 광경을 소망하게 되었는지 인정하십시오. 여러분은 하나님의 자녀이자 그리스도와 더불어 공동 상속자로 지어졌습니다. 그 근거가 무엇이며 누구입니까?
　질문에서 약간 벗어나서 우리 주위에 보이는 세상으로 눈을 돌려 봅시다. 어떤 마음씨 좋은 부자가 마치 수금으로 타는 음악과 같이 그 정해진 질서와 조화 가운데 하늘의 아름다움과 태양의 운행과 달의 순환과 셀 수 없이 많은 별들을 펼쳐놓아 여러분으로 즐겨 감상하게 하셨습니까? 누가 비와 농경기

술과 갖가지 음식과 예술품과 집들과 법률과 국가와 인간이 영위하는 삶과 문화와 우정과 사촌간의 우애로 여러분을 축복하셨습니까?

누가 여러분에게 가축을 길들이고 먹거리로 삼을 수 있는 지배권을 주셨습니까? 누가 여러분을 만물의 영장으로 삼으셨습니까? 간단히 말해서 누가 다른 어떤 창조물에게는 없는 뛰어난 것들을 인간된 여러분에게 주어 그들과 구별되게 하셨습니까?

그분은 이제 인간인 여러분이 당신이 창조하신 어떤 것보다 당신의 인자하심을 닮아 나머지 다른 창조물들을 인자함으로 돌보기 바라시는 하나님이 아니시겠습니까? 우리는 하나님으로부터 갖가지 놀라운 선물을 받은 존재들이기에 우리가 하나님이 요구하시는 이 단 한 가지, 바로 인자하라는 요구를 거절한다는 것은 부끄러운 일이 아니겠습니까? 그는 하나님이시며 주님 되시면서도 우리의 아버지라 불리시기를 주저하지 않으시는 분입니다. 그렇다면 우리의 피붙이 된 자들을 남 보듯 대해야겠습니까?

벗들이여, 하나님이 선물로 우리에게 주신 것들을 결코 오용하는 일이 없도록 합시다. 그렇게 하는 사람들은 베드로 사도의 꾸중을 들을 것입니다.

"남의 것을 자기 것으로 취하는 것을 부끄럽게 여기라. 하나님의 공의를 닮도록 힘써 너희 중에 가난한 자가 없도록 하라." 당장 쓸 것이 필요한 이들이 있는데 자신의 부를 쌓아두는 데 힘쓰는 일이 없도록 합시다. 만약 우리 중에 이렇게 하는 사람이 있다면 아모스 선지자의 실랄한 질문 세례를 받을 것입니다. "너희가 이르기를 월삭이 언제 지나서 우리가 곡식을 팔며 안식일이 언제 지나서 우리가 밀을 내게 할꼬?"[암 8:5]

하나님이 주신 계명들 중 첫째되는 최고의 계명을 실천합시다. 하나님은 의인에게나 죄인에게나 동일하게 비를 내려 주시며, 악인과 선인 모두에게 차별없이 해를 비추십니다. 이 땅의 모든 만물들을 위해 그는 광활한 대지와 샘물과 강과 숲을 베풀어 두셨습니다. 새들을 위해 창공을, 물고기들을 위해 바다를 펼쳐 놓으셨습니다. 하나님은 생명을 위한 모든 기본적인 필요들을 넘치도록 채워 주시되 누구의 소유물도 아니고, 법으로 명시된 것도 아니고, 지도상의 경계로 나뉘어진 것도 아닌 모두를 위한 공동의 것으로 풍성하고 넉넉하게 베풀어 두셨습니다. 그가 베푸신 선물은 어디로 보아도 부족함이 없으니, 하나님은 동등한 축복을 동등한 가치로 베푸시기 원하셨고, 그렇게 그의 인자하심이 얼마나 풍성하신지 나타내기 원하셨습니다.

* PG 35:887~890; RDO:145~146

:: 긍휼 넘치는 보살핌이 발견되는 그곳에서

레오
(Leo the Great of Rome, 주후400~461)

"나는 의인을 부르러 온 것이 아니요 죄인을 부르러 왔노라"[막 2:17]라고 주님이 말씀하셨습니다. 이 말은 누구든지 죄가 용서되지 않고는 구원 받지 못한다는 뜻이며, 우리는 이 말속에 담긴 성령님의 은혜가 얼마나 그 손을 넓게 펼쳐서 세상의 지혜가 멸시하는 자들을 부요하게 하시는지 알지 못합니다.

하나님의 백성들은 거룩하며, 하나님의 백성들은 선할지어다. 거룩하라 했으니 하나님이 행하지 말라 명하신 것으로부터 돌아서는 것이며, 선하라 했으니 하나님이 행하라 명하신 것을 추구하는 것입니다. 바른 믿음과 교리를 소유하는 것의 중요성은 두 번 말할 필요가 없습니다. 의식이 깨어있고 온유하며 순결한 모습은 칭송 받아 마땅한 미덕입니다. 하지만 이 모든 미덕들도 사랑으로 꿰어져 있지 않으면 아무 소용이 없습니다. 그러니 사랑으로부터 출발하지 않았다면 제 아무리 뛰어난 업적이라도 가치가 있다고 평해서는 안됩니다.

그렇기에 믿는 자들이여, 자신의 마음의 상태를 살펴 보고, 그 마음의 애정지수를 세심하게 점검해 봅시다. 그렇게 해서 자신의 양심 속에 사랑의 열매가 어느 정도라도 발견된다면 하나님이 자신 안에 계심을 의심하지 않아도 됩니다. 그래서 손님을 대접함에 있어 보다 더 정성을 기울일 수 있다면, 행함 속에 그 모습을 드러내는 긍휼이 여러분 안에 사라지지 않고 계속해서 자라나게 합시다. 하나님이 사랑이시라면, 이웃사랑에는 한계가 없어야 할 것입니다. 한정된 크기를 지닌 그릇으로는 무한하신 하나님을 담아낼 수 없는 법입니다.

이웃사랑의 이로움을 행동으로 옮기는 데는 특별한 때가 필요한 것이 아니며, 우리가 살아가고 있는 이 시대는 더더욱 피부에 와닿는 이웃사랑이 필요한 시대임이 분명합니다. 몸과 마음 모두 거룩한 모습으로 채비하고 주님을 모셔 들이기를 소원하는 사람들은 다른 무엇보다도 모든 미덕의 총합을 담고 있고 "허다한 죄를 덮는"[벧전 4:8] 은혜 얻기를 힘써야 합니다.

모든 신비 중에서 가장 경외로운 이 신비, 즉 우리의 죄악을 씻기신 예수 그리스도의 보혈의 신비를 기념하기 위해 준비하는 이 시점에서 긍휼의 제물과 더불어 우리 자신을 단단히 채비해 둡시다. 하나님이 우리에게 베풀어 주신 것들로 우리를 상하게 한 사람들을 대접합시다. 그들이 안겨준 모욕일랑 망각 속으로 던져 버리고, 그들이 저지른 잘못일랑 이후로 어떤 가시가 되었는지도 모르게 하고, 그들이 휘두른 칼날일랑 복수에 대한 두려움으로부터 자유할지어다! 교도소는 텅텅 비고, 음습한 지하감옥에는 죄목이 발견된 사람들이 내쉬는 슬픔의 탄식이 감출 지어다!

경범죄나 다른 어떤 죄목으로 누군가를 범죄자로 구금시킨 사람이 있다면, 그들로 자기 자신 또한 죄인임을 알려 줍시다. 그리고 하나님으로부터 자신의 죄가 용서함 받았거든, 그들로 자신 또한 용서를 베풀어 줄 대상이 있음으로 기뻐하게 합시다. 그런즉 주님이 가르쳐 주신 대로 "우리가 우리에게 죄 지은 자를 사하여 준 것 같이 우리 죄를 사하여 주시옵고"[마 6:12] 하고 기도하면서 이 기도를 말로 표현할 때 하나님의 용서하심을 받을 것을 믿어 의심치 않도록 합시다.

또한 가난한 자들과 여러 연약한 모습 가운데 고통 당하는 사람들에게 보다 더 넉넉하게 긍휼을 베풀어서 더 많은 목소리로 하나님께 감사를 돌리게 하며, 금식함으로 궁핍한 상황에 처한 자들의 필요가 채워지게 합시다. 믿는 자의 어떤 헌신도 가난한 자들을 돌보는 헌신 보다 우리 주님을 기쁘게 해드리지 못합니다. 타인을 향한 긍휼 넘치는 보살핌이 발견되는 그곳에서 하나님은 자신의 선한 형상을 알아보십니다.

* PL 54:299~300; RDO:436~437

:: 그리스도의 몸을 존귀히

요한 크리소스톰
(John Chrysostom of Constantinople, 주후 347~407)

　그리스도의 몸을 존귀히 받들고 싶으십니까? 그렇다면 벌거벗은 그리스도를 멸시하지도 말고, 바깥에서 벌거벗은 모습으로 추위에 떨고 있는 그리스도를 외면한 채 비단 옷을 걸쳐 입고 여기 교회 건물 안에서 그를 찬미하지도 마십시오. "이는 내 몸이니"하고 말씀하심으로 그렇게 만드신 이가 또한 이렇게 말씀하셨습니다.

　　"내가 주릴 때에 너희가 먹을 것을 주지 아니하였고 이 지극히 작은 자 하나에게 하지 아니한 것이 곧 내게 하지 아니한 것이니라."[마 25: 42~45]

　교회 안에서 우리가 해야 할 일은 값비싼 옷을 갖춰 입는 것이 아니라 깨끗한 마음을 갖춰 입는 것이고, 교회 바깥에서 해야 할 일은 몸을 불살라 헌신하는 것입니다.

스스로 높아지기 원하는 사람들은 우리가 생각하기에 그들이 가장 좋아할 것 같은 찬사를 받을 때가 아니라 자신이 받고 싶어하는 그 찬사를 받을 때 대단히 기뻐합니다. 그러니 어떻게 하면 지혜로운 백성이 되어 그리스도께서 받기 원하시는 찬미를 올려드릴지 배우도록 합시다. 베드로는 그리스도께서 자신의 발을 씻기려 하실 때 그것을 거절하는 것이 그를 높여 드리는 것이라 생각했습니다. 그의 그런 생각은 그리스도께 찬미가 되지 못했습니다. 아니, 도리어 정반대였습니다! 그리스도의 법에 명시된 대로, 여러분의 재산을 가난한 자들에게 나눠줌으로써 그에게 찬미를 올려 드리십시오. 하나님이 원하시는 것은 값진 그릇이 아닌 값진 마음입니다.

이렇게 이야기한다고 해서 여러분은 더러 그런 예물을 드리지 말라는 것이 아닙니다. 제가 말씀드리는 것은 그런 예물과 함께 구제품을 가지고 나와 그 예물 뒤에 내려 놓으라는 뜻입니다. 하나님은 앞에 놓인 것을 받으시지만 그 뒤에 있는 것으로 인해 더 기뻐하십니다. 앞서 내려 놓은 것은 오직 드리는 자에게 유익이 되지만, 뒤에 내려 놓은 것은 받는 자에게까지도 유익이 됩니다. 교회에 드리는 예물에는 과시하고픈 마음이 섞일 수 있지만, 구제품에는 순수한 온정이 깃들어 있습니다.

그리스도께서 굶주림 가운데 죽어가고 계신데 황금으로 만든 값진 잔을 놓아 그리스도의 식탁에 위엄을 더하는 것이 무슨 소용이 있습니까? 그가 굶주리고 계시다면 먼저는 그의 주린 배를 채워 주십시오. 그런 뒤에 남은 것으로 그의 식탁을 장식하십시오. 황금으로 만든 잔은 가지고 있으면서 물 마실 잔은 내어 놓지 않으시렵니까? 식탁을 덮을 금실로 짠 천은 내어 놓으면서 벌거벗은 그리스도의 몸에 친히 걸쳐드릴 옷은 내어 드리지 않으시렵니까? 이 모든 것이 도대체 무엇을 위한 것입니까? 먹을 것을 구하고 있는 그리스도께서 여러분 눈 앞에 있는데 정작 그는 그렇게 내어버려 둔 채 그가 식사할 식탁을 값진 황금 식탁보로 덮어 장식했다면 그리스도께서 여러분에게 감사한 마음을 품으시겠습니까, 아니면 분노를 품으시겠습니까? 대답해 보십시오. 다 해진 누더기 옷을 걸쳐 입고 추위에 떨며 온 몸이 마비된 사람들이 여러분 눈 앞에 있는데 그런 그들에게 어서 옷을 입혀주는 것은 제쳐두고 그들을 위한 답시고 황금 기둥을 세워 주면서 자기 말로는 그들을 존귀히 여겨주노라 말한다면 그들은 심한 놀림과 모욕을 받고 있다고 느끼지 않겠습니까?

 그리스도께서 나그네의 길을 걸으시는 중에 쉬어갈 곳을 찾고 계시는 상황을 그려봅시다. 그리스도를 여러분 집에 손님으로 모셔 드리지는 않고, 집의 바닥과 벽면과 기둥 머리를 장식합니다. 등잔대는 은사슬로 꾸미면서 감옥에서 쇠사슬에 묶여계신 그리스도는 거들떠도 보지 않습니다. 거듭 말씀드리지만, 저는 여러분이 이러한 장신구들을 내어 바치는 것을 금하고 있는 것이 아닙니다. 저는 여러분이 그런 장신구들을 먼저 바치고, 거기에서 그칠 것이 아니라 다른 것들도 함께 바치라고 권면하는 것입니다. 그런 장물(臟物)을 드리지 않는다 해서 누구도 비난 받지 않습니다. 하지만 이웃을 보살피지 않은 사람들에게는 꺼지지 않는 불과 악귀들이 떼지어 괴롭히는 지옥이 기다리고 있습니다. 그러므로 어려움에 빠진 자매와 형제들을 외면하면서 교회를 꾸미지 마십시오. 이 자매와 형제들이야말로 그 무엇보다 값진 하나님의 성전입니다.

 * PG 58:508~509; RDO:389~390

:: 네가 어찌하여 내 율례를 전하며

로마의 그레고리
(Gregory of Rome, 주후 540~604)

"추수할 것은 많되 일꾼이 적으니 그러므로 추수하는 주인에게 청하여 추수할 일꾼들을 보내 주소서 (기도)하라." [마 9: 37~38]

주님이 그의 선포자들을 내 보내시면서 이르신 말씀입니다. 저기 바깥에 복음을 들어야 할 사람들은 허다한데 그것을 전할 이는 부족하기에 "추수할 것은 많되 일꾼이 적으니"하고 읽을 때 우리의 가슴이 무거워지지 않을 수 없습니다. 여러분 자신을 포함해서 얼마나 많은 제사장들로 이 세상이 덮혀 있는지 보십시오. 그럼에도 하나님 밭의 추수를 위한 일꾼 하나 찾아보기가 어렵다니, 우리가 제사장의 직위는 받았으나 그 직분을 제대로 감당하지 않고 있다는 말입니다.

사랑하는 이들이여, "추수하는 주인에게 청하여 추수할 일꾼들을 보내 주소서 (기도)하라" 하신 주님의 말씀을 곱씹어 봅시다. 우리 제사장들이 여러분들을 위해 일할 힘을 주시도록 기도해 주십시오. 우리의 교훈하는 혀가 지치지 않고, 선포하라는 직위를 받았음에도 침묵한 죄로 공의로우신 재판관 앞에서 추궁당하지 않도록 기도해 주십시오. 많은 경우 선포자 자신의 은밀한 악덕함으로 인해 그 혀가 굳어 버립니다. 어떤 경우는 청중들의 죄로 인해 그들을 주관하는 집례자의 혀에서 말씀이 나오다가 들어가 버리고 맙니다. 앞의 경우에 대해 시편 기자가 묻습니다.

"악인에게는 하나님이 이르시되 네가 어찌하여 내 율례를 전하며 내 언약을 네 입에 두느냐?"[시 50:16]

뒤의 경우에 대해 주님께서 선지자 에스겔에게 말씀하십니다.

"내가 네 혀를 네 입천장에 붙게 하여 네가 말 못하는 자가 되어 그들을 꾸짖는 자가 되지 못하게 하리니 그들은 패역한 족속임이니라."[겔 3:26]

주님이 말씀하신 의도는 이런 것이었습니다. "이 백성이 계속해서 그 행실로 나를 격분하게 만든다면 이들은 진리의 외침을 들을 가치가 없는 자들이기에 그들에게서 선포되는 말씀을 가져가 버리겠다." 누구의 죄로 인해 선포자의 외침이 막히는 것인지 분간하기는 어렵습니다. 하지만 목자의 침묵이 목자 자신에게는 가끔 손상을 입힐지는 몰라도 양떼들에게는 언제나 위험을 초래합니다.

  사랑하는 이들이여, 목자된 자들이 살아가는 모습 중에서 저의 마음을 너무도 무겁게 만드는 모습이 또 하나 있습니다. 제가 주장하는 것이 그 누구의 귀에도 부당하게 들리지 않게 하기 위해서, 다른 누구를 탓하기 전에 비록 이 시대가 떠미는 야만스런 힘에 밀려 넘어졌더라도 제 자신을 먼저 탓하렵니다. 목회 외에 다른 일들에 빠져있는 우리의 모습에 대해 이야기하는 것입니다. 목자의 직위를 받았으나 우리의 행실은 우리가 다른 일들에 빠져 있음을 지적하고 있습니다. 제 견해로는 우리가 선포하는 사역을 저버렸음에도 주교로 불리며 자신을 자해하고 있습니다. 고귀한 직위를 차지하고 있지만 그에 걸맞는 덕을 기르는 훈련에 실패하고 있습니다. 우리에게 맡겨진 자들이 하나님을 저버리는 데도 우리는 침묵합니다. 그들이 죄에 빠져가는 데도 우리는 꾸짖는 손을 내밀지 않습니다.

  하지만 자신도 방치해 두는 사람이 어찌 다른 이들을 바로 잡을 수 있단 말입니까? 우리는 세상적인 관심에 사로잡혀 있습니다. 다른 외적인 일들에 사로잡혀 있을수록 우리의 영은 점점 무감각해져 버립니다.

  이러한 이유로 교회는 그에 속한 연약한 지체들에게 반드시 해야 할 말을 건넵니다.

> "그들이 나를 포도원지기로 삼았음이라 하지만 나의 포도원을 내가 지키지 못하였구나."(아 1:6)

포도원을 지키라며 우리를 세우셨건만 우리는 맡겨진 포도원을 지키지 않고 있습니다. 우리가 쓸데없는 것들에 신경쓰는 사이 우리에게 맡겨진 사역에 태만하게 된 것입니다.

* PL 76:1139-1140, 1146; RDO:255~256

:: 다섯 갈래 회개의 길

요한 크리소스톰
(John Chrysostom of Constantinople, 주후 347~407)

이번에는 회개의 길에는 어떤 종류가 있는지 나열해 보도록 할까요? 회개의 길은 여러 갈래에다 제 각각 특징도 다르지만 하나같이 모두 천국에 이릅니다.

회개의 첫 번째 길은 여러분이 범한 죄들에 대해 스스로 유죄 선고를 내리는 것입니다.

"너는 말하여 네게 의로움을 나타내라."[사 43:26]

그래서 한 선지자가 이렇게 기록하였습니다.

"내 허물을 주께 자복하리라 하고 주께 내 죄를 아뢰고 내 죄악을 숨기지 아니하였더니 곧 주께서 내 죄악을 사하셨나이다."[시 32:5] 그런즉 여러분도 자신이 범한 죄에 대해 유죄 선고를 내려야 합니다. 그렇게 함으로 같은 죄를 다시 범하는 것이 더디게 되어 주님이 여러분을 용서해 주실 충분한 이유가 될 것입니다. 양심을 일깨워 여러분의 가족들 앞에서 자신을 고소하십시요. 그렇게 하지 않으면 그들이 주님 앉으신 심판석 앞에서 여러분을 고발할 것입니다.

이것이 회개에 이르는 바른 길 중 하나입니다. 이 길에 비해 조금도 뒤쳐지지 않는 또 다른 길은 우리를 적대시한 사람들이 우리 마음에 입힌 상처를 끄집어 냄으로 우리 안에 분노를 다스리고 그들의 죄를 용서하는 것입니다. 그러면 주님께 저지른 우리 자신의 죄가 용서될 것입니다.

"너희가 사람의 잘못을 용서하면 너희 하늘 아버지께서도 너희 잘못을 용서하시려니와…"[마 6:14]

이것이 여러분의 죄를 대속할 또 다른 길입니다.

세 번째 회개의 길이 궁금하십니까? 이 길은 가슴으로부터 토하는 뜨겁고 깊은 기도로 닦여 있습니다.

네 번째 길을 물으신다면 그 영향력이 대단하고 널리 미치는 구제활동이라고 답하겠습니다.

한 가지 더 자신을 드러내지 않는 겸손한 삶이 앞에서 말한 길 못지 않게 우리의 죄를 쳐내어 버립니다. 그 증거는 비록 내세울만큼 잘한 일은 없지만

대신 낮아진 마음을 드림으로 무거운 죄의 무게를 덜은 세리입니다.[눅 18:13 참조]

여러분의 죄를 인정하는 길, 우리에게 저지른 이웃들의 죄를 용서하는 길, 기도의 길, 구제의 길 그리고 겸손의 길, 이렇게 다섯 갈래 회개의 길을 제시했습니다.

그러니 게으르지 말고 이 다섯가지 회개의 길을 날마다 부지런히 걸으십시오. 이 길은 누구나 걸을 수 있으니 여러분의 가난이 변명이 될 수 없습니다. 살아가면서 필요한 것들이 하나 둘이 아니지만, 그래도 분노를 가라 앉히고, 자신을 낮추며, 부지런히 기도하고, 자신의 죄를 인정할 시간은 얼마든지 있습니다. 가난이 장애물이 아닙니다. 가난은 주님이 분부하신 것을 수행하는데 걸림돌이 아닙니다. 돈을 주는 것과 관련이 있는 회개의 길을(구제의 길을 말하는 것입니다) 걸을 때조차 가난이 걸림돌이 되지 않습니다. 한 가난한 과부가 헌금함에 두 렙돈을 넣으며 이를 증명하지 않았습니까![눅 21:1~4]

지금까지 어떻게 우리 자신이 입은 상처를 치료할 것인지 배웠으니 이 치료법을 실천하도록 합시다. 그렇게 해서 다시 우리의 건강이 온전히 회복되면 그리스도, 영광의 우리 주님을 만나기 위해 거룩한 만찬이 차려진 식탁 앞으로 확신 가운데 영광스런 발걸음을 내디딜 수 있을 것입니다. 그리고 예수 그리스도 우리 주님의 은혜와 긍휼과 인자하심을 통해 베푸시는 영원한 축복에 다다를 수 있을 것입니다.

* PG 49:263~264; RDO:391~392

:: 너희는 세상의 소금이니

요한 크리소스톰
(John Chrysostom of Constantinople, 주후 347~407)

"너희는 세상의 소금이니…"[마 5:13]

이 말씀을 하시면서 그리스도께서는 여러분 자신을 위해서가 아니라 여러분에게 맡겨두신 온 세상을 염두해 두셨습니다. "옛적에 육지와 바다 건너 온 세상에 선지자들을 보내었듯이, 너희를 겨우 도시 한 두 군데 혹은 열 두어 군데 보내려는 게 아니다. 나라 하나에 보내는 것도 아니다. 온 세상이 참혹한 중에 있구나"라고 말씀하신 것입니다. 그리스도께서 "너희는 세상의 소금이니…"라고 말씀하시면서 전 인류가 그 고유의 맛을 잃고 죄로 인해 상하게 되었음을 지적하시고 계십니다. 그래서 그리스도께서는 당신의 사람들이 인류의 무게를 짊어지는데 특별히 쓸만하고 심지어 반드시 필요하다고 볼 수 있는 아름다운 덕목들을 갖추도록 주문하십니다. 인자하고 온유하며 긍휼 넘치고 공의로운 사람들은 자신만을 위해서 좋은 것들을 가두어 지키지 않고, 이 달콤한 생수의 원천들이 그 물줄기를 타고 흘러 다른 사람들에게 어떤 선한 유익을 주는지 보고 싶어할 것입니다. 마음이 깨끗하고 화평케 하며 진리를 사모하는 사람들은 사회적 공익(公益)을 위해 자신의 삶을 다룰 것입니다.

그리스도께서는 "너희들이 쉬운 싸움이나 하찮은 일을 앞두고 있다고 생각하지 말아라" 말씀하신 것입니다. "너희는 세상의 소금이니…"라는 이 말씀이 담고있는 뜻이 무엇입니까? 그의 제자들이 이미 상해져 버린 것을 원래 상태로 돌려놓았습니까? 전혀 아닙니다. 이미 상한 것은 소금으로 어찌할 수 없습니다. 제자들이 한 일은 그것이 아닙니다. 이미 새로워지고 상한 상태에서 회복되어 제자들에게 맡겨진 사람들을 소금 쳐서 주님이 그들에게 선사해 주신 새로움을 보존하였습니다. 제자들이 한 일은 죄의 결과로 초래된 상한 상태에서 인류를 자유케 하기 위해 그리스도의 권세를 취하는 것이었습니다. 사도들이 온 힘을 쏟아 행한 사역은 회복된 것이 다시 상하는 일이 없도록 방지하는 것이었습니다.

여기까지 살펴보는 동안 그리스도께서 구약의 선지자들보다 더 큰 권세를 그의 제자들에게 주셨음을 조금씩 눈치채셨습니까? 그리스도께서 당신의 제자들에게 유대 지방을 너머 온 세상을 위한 선생이 되어야 한다고 말씀하셨습니다. "내가 너희를 따로 흩어서 그렇게 위험천만한 모험을 겪게한다 해서 놀라지 말아라. 수많은 광활한 도시들과 사람들 그리고 나라들을 헤아려 보아라. 너희들더러 다스리라고 보내는 것이다. 이 다스림을 위해 나는 너희 스스로가 분별력을 기르듯이 그렇게 다른 이들이 분별력을 기를수 있도록 너희를 보내는 것이다. 다른 이들을 그렇게 기르지 못한다면 네 자신도 보존하기 힘들 것이다" 이렇게 말씀하시는 것이었습니다.

다른 이들이 그들의 본래 맛을 잃거든 당신의 소금 같은 사역으로 그 맛을 되찾도록 도우십시오. 하지만 여러분 스스로가 그 맛을 잃고 헤맨다면 다른 이들까지 붙잡고 함께 헤매게 될 것입니다. 그러니 여러분 손에 맡겨진 이들이 많으면 많을수록 여러분은 더 열심을 내야 합니다. 그래서 그리스도께서 이렇게 말씀하셨습니다.

"소금이 만일 그 맛을 잃으면 무엇으로 짜게 하리요 후에는 아무 쓸 데 없어 다만 밖에 버려져 사람에게 밟힐 뿐이니라"[마 5:13]

"너희를 욕하고 박해하고 거짓으로 너희를 거슬러 모든 악한 말을 할 때에는…"[마 5:11]라는 말을 들었을 때 제자들은 그리스도 앞으로 나오기를 주저했을 것입니다. 그래서 그리스도께서 "너희가 그런 일을 맞을 준비가 되지 않았다면 내가 너희를 불러 세운 것이 헛되도다. 사람들의 욕을 먹는 것이 너희에게는 당연하나 그것이 너희를 헤하지는 못하겠고 도리어 너희가 계속해서 해야 할 일을 하고 있다는 증거가 되리라. 만약 두려움 때문에 너희 맡은 사명에 요구되는 단호함을 보여주는 데 실패한다면 너희의 처지는 더 비참해 지리라. 모든 사람들이 너희에 대한 악담을 서슴지 않으며 멸시할 것이기 때문이다. 그렇게 되는 것이 사람에게 밟힐 뿐이라는 뜻이다"라고 말씀하신 것입니다.

그리고 나서 그리스도께서는 한층 더 고상한 비유를 드셨습니다.

"너희는 세상의 빛이라."[마 5:14]

또 다시 "세상의…"라고, 나라 하나도 아니고 스무 여군데 도시도 아닌 온 세상이라고 말씀하시는 것을 다시 확인합니다. 그가 뜻하신 '빛'은 앞서 '소금'이 그냥 소금이 아닌 영적인 소금이듯 우리 눈에 보이는 햇빛보다 훨씬 더 위대한 깨우침의 빛입니다. 처음에는 '소금' 그리고 다음은 '빛', 예리하게 파고드는 이 단어들이 전달해 주는 유익과 무게감 있는 가르침이 전해 주는 교훈을 받아 배우셨으리라 생각합니다. 이러한 가르침이 우리 스스로를 점검해 주어 방탕해지는 것을 막아 줍니다. 이러한 가르침이 우리로 아름다운 덕목에 이르게 하고 우리 생각의 눈을 더욱 밝혀 줍니다.

"산 위에 있는 동네가 숨겨지지 못할 것이요 사람이 등불을 켜서 말 아래에 두지 아니하고 등경 위에 두나니 이러므로 집 안 모든 사람에게 비치느니라."[마 5:14-15]

여기서 그리스도께서는 당신의 제자들에게 분별력 있는 생활 태도를 보일 것을 다시 한 번 더 촉구하시면서 그들로 깨어있으라 가르치고 계십니다. 그들은 모든 이들이 보는 앞에서 살아가고 있고, 그들이 싸울 경기장은 온 세계이기에 그렇습니다.

* PG 57:231~232; RDO:71~72

제8장
죽음 · 십자가

"농부들이 밀알을 땅에 심듯, 당신을 살해한 자들은 당신의 살아있는 몸을 땅에다 심었습니다. 하지만 그 씨앗은 자라나 죽은 자들 가운데서 일어난 수많은 사람들을 열매로 맺었습니다."

[그림 9] 익명의 아프리카 작가가 조각한 가시 면류관을 쓰신 예수님의 목상(20세기). 타원형의 검은 씨앗같이 보이는 그의 얼굴은 이마로부터 눈썹까지 깨지고, 깨진 두 눈으로부터 눈물이 볼을 타고 흘러 내리다 말랐다. 그러나 두툼한 그의 입술은 끝내 깨어져 열리지 않을 것만 같다. 슬픔에 잠긴 것인지, 체념한 것인지, 그저 무심한 것인지, 의연한 것인지, 위엄을 지키려는 것인지, 도리어 위로하려는 것인지, 아니면 멀리 무엇을 응시하는 것인지… 도무지 헤아리기 어려운 그의 눈에 묘하게 끌리는 것은 그의 눈망울에 맺힌 상이 내 자신일 것만 같기 때문일 것이다.

:: 농부들이 밀알을 땅에 심듯

에프렘
(Ephrem of Edessa, 주후 306~373)

죽음은 그 발 아래 우리 주님을 짓밟았습니다. 하지만 그 다음엔 주님이 죽음을 당신의 발 아래 깔린 대로^{大路}로 삼으셨습니다. 우리 주님은 스스로 참고 인내하시면서 죽음에까지 자신을 복종시켰습니다. 우리 주님은 이 방법을 통하여 죽음으로 스스로를 파멸하게 만드셨습니다. 우리 주님이 십자가를 지고 예루살렘 성문 밖을 나오실 때만 해도 죽음은 의기양양 했습니다. 하지만 우리 주님은 십자가에서 외치신 외마디로 죽은 자들을 음부 혹은 지하세계에서 불러 내셨습니다. 죽음으로서는 이를 막을 도리가 전혀 없었습니다.

죽음은 우리 주께서 입으신 육체를 건드려 살해했습니다. 하지만 사실은 그 연약한 육체야말로 우리 주께서 죽음을 물리치기 위해 사용하신 무기였음이 입증되었습니다. 우리 주님을 살해하면서 죽음 자신이 살해되었습니다. 죽음은 보통 인간의 생명을 빼앗을 수는 있었지만, 유한한 육체가 지닌 생명보다 위에 있는 생명에 의해 도리어 자기의 생명을 빼앗기고만 것입니다.

만약 주님이 육신을 입고 있지 않으셨다면 죽음은 우리 주님을 먹어 치울 수 없었습니다. 주께서 우리와 같은 몸을 입고 있지 않으셨다면 지옥은 우리 주님을 삼킬 수 없었습니다. 그렇기에 우리 주님은 음부까지 타고 내려갈 이륜전차를 찾아 이 땅에 오신 것입니다. 이 전차는 바로 처녀 마리아로 부터 받은 그의 육체였고, 우리 주님은 이 전차 위에 올라 타 죽음의 요새를 돌파하여 안쪽 깊숙히 위치한 단단하게 잠긴 금고문을 열으시고 그 안에 있던 온갖 보화들을 탈취하셨습니다.

그런 뒤에 우리 주님은 모든 산 자의 어머니 된 하와에게 이르셨습니다. 하와는 자신 안에 들어있는 생명의 열매를 맛보고 싶은 나머지, 자기를 둘러친 울타리를 죽음이 넘어들어올 수 있도록 직접 문을 열어준 포도원이었습니다. 그로 말미암아 모든 산 자의 어머니가 도리어 모든 생명 있는 것들을 삼키는 죽음의 구멍이 되었습니다. 그러나 하와를 대신해서 마리아가 옛 포도나무 가지가 뻗은 자리에서 돋아난 새 가지로 자랐습니다. 새 생명이신 그리스도께서 마리아 안에 들어 앉으셨습니다. 죽음이 늘 해오던 대로 마리아에게서 난 열매를 파렴치하게 따먹으려고 찾아온 그 순간에 유한한 열매 안에 감추어져 있던 영원한 생명이 드러나면서 죽음이 죽게 되었습니다. 죽음은 아무런 의심없이 우리 주님을 삼켰고, 그러면서 영원한 생명을 놓아주게 되어 수많은 생명들이 마침내 자유를 얻게 되었습니다.

한 목수의 자랑스런 아들이기도 했던 우리 주님은 모든 것을 집어 삼키는 죽음의 턱주가리에다 그의 나무 십자가를 친히 박으셨고 인류를 생명이 거하는 곳으로 이끄셨습니다. 나무 한 그루가 인류에게 타락을 가져다 준 이후로 또 다른 나무 한 그루 위를 밟아 걸으며 인류는 생명의 영역으로 다시 넘어오게 되었습니다. 옛적 나무에 접붙여졌던 가지에서는 쓴내가 났으나, 그 쓴 가지에 접붙여진 새 가지에서는 어느 피조물이라도 거역할 수 없는 주님을 알아보게 만드는 단내가 납니다.

주님, 죽음의 턱주가리에 당신의 십자가를 세워 벌리시고, 그 십자가를 다리 삼아 영혼들로 죽은 자들의 땅에서 산 자들의 땅으로 건너오게 하신 당신께 영광을 돌립니다. 죽을 수밖에 없는 한 인간의 육체를 입으시고, 그 육체를 죽을 수밖에 없는 모든 인간들을 위한 생명의 씨앗으로 바꾸신 당신께 영광을 돌립니다. 당신은 의심할 여지 없이 살아계십니다. 농부들이 밀알을 땅에 심듯, 당신을 살해한 자들은 당신의 살아있는 육체를 땅에다 심었습니다. 하지만 그 씨앗은 자라나 죽은 자들 가운데서 일어난 수많은 사람들을 열매로 맺었습니다.

그러므로 사랑하는 나의 형제와 자매들이여, 드넓기에 모든 것을 품어 안는 사랑의 제물을 우리 주님께 올려드리고, 우리 모두의 부요함을 위해 자신의 십자가를 하나님께 제물로 드린 우리 주님 앞에 우리의 찬송과 기도를 담은 금고를 털어 놓읍시다.

* Sermo de Domino Nostro 3-4, 9; RDO:197~198

:: 너희가 마실 수 있느냐?

요한 크리소스톰
(John Chrysostom of Constantinople, 주후 347~407)

"하나는 주의 우편에, 하나는 좌편에 앉게 하여 주옵소서."[막 10:37]

세베대의 아들들이 그리스도를 압박하고 있습니다. 그리스도께서 어떻게 대응하십니까? 그들이 구하고 있는 것이 신령한 선물이 아님을 지적하시면서 만약 그들이 구하는 것이 진정 무엇인지 알았다면 감히 구하지 않았을 것이라고 대꾸하십니다. "너희는 너희가 구하는 것을 알지 못하는도다"하고 대답하십니다. 그들이 구한 그것은 얼마나 대단하고 고귀한 것이기에 하늘에 있는 어느 권세자도 손에 넣지 못한다는 그것인지요! "내가 마시는 잔을 너희가 마실 수 있으며 내가 받는 세례를 너희가 받을 수 있느냐?"하고 이어 물으십니다. 이 물음 속에는 '너희들은 나와 함께 나누어 가질 존귀와 상급에 대해 이야기하고 있지만, 나는 너희에게 힘겨운 싸움과 고생 밖에 이야기할 것이 없다. 지금은 상급을 받을 때도 아니고, 나의 영광이 드러날 때도 아니다. 이 땅에서의 삶의 때는 피 흘림과 전쟁과 위험을 위한 때로구나'하는 뜻이 담겨있습니다.

그리스도께서 어떤 식으로 질문하시면서 세베대의 아들들을 주시고자 하는 교훈으로 끌어 당기고 계시는지 관찰해 보십시오. 그는 "너희가 도살당할 수 있느냐? 너희가 피 흘릴 수 있느냐?" 하는 식으로 묻지 않으십니다. 어떻게 질문을 던지십니까? "너희가 마실 수 있느냐?" 하고 질문 하십니다. 그 앞에 "내가 마시는 잔을…"하고 덧붙이심으로 질문을 더욱 감질맛나게 만드셔서 당신과 그 잔을 함께 나누는 것에 대한 그들의 열망을 부채질 하십니다. 또한 그리스도께서는 자신의 고난을 세례라고 부르심으로 자신이 당할 고난이 온 세상을 말끔히 씻기울 것임을 드러내 보이십니다. "할 수 있나이다!" 하고 그들이 대답합니다. 자신들이 구한 그것이 정녕 무엇인지 모르지만 여전히 받을 것이라는 열망에 사로잡혀 기회를 놓칠새라 재빠르게 대답합니다.

그러자 그리스도께서 이에 어떻게 응답하십니까?

"…너희는 내가 마시는 잔을 마시며 내가 받는 세례를 받으려니와"[막 10:39]

세베대의 아들들에게 감당못할 복을 약속하고 계십니다. 이렇게 약속하고 계시는 것입니다.

"너희가 순교 당하기에 합당한 자들이 될 것이다. 내가 당하는 고난을 너희도 당하게 되어 끔찍한 죽음으로 너희 생을 마감하게 될 것이다. 그러니 나와 모든 것을 함께 하는 것이다. 하지만 나의 좌우편에 앉는 영예는 내가 주는 것이 아니라 아버지께서 위하여 준비해 두신 자들이 얻을 것이다."

그리스도께서는 이렇게 먼저 높은 목표를 보여주어 그들의 마음을 한껏 들뜨게 하시고, 그 다음에는 반대로 그들을 끝없이 낮아지게 만들 것들을 모두 보여주시며 감당할 준비를 시키셨습니다. 그런 후에야 비로소 그들이 잘못 구하는 것을 바로 잡아주고 계십니다.

"열 제자가 듣고 야고보와 요한에 대하여 화를 내거늘…" 이 제자들 모두가 얼마나 부족한 사람들이었는지 보십시오. 두 형제는 다른 나머지 열 명보다 앞서려 했고, 나머지 열은 그런 두 형제를 질시하고 있으니! 하지만 앞서도 말씀드렸듯이, 이후 그들이 어떻게 살았는지를 살펴보면 지금 이 제자들에 발견되는 모든 충동과 격정은 사라진 것을 봅니다. 지금 이 장면에서 첫째 자리를 요구하며 나서고 있는 요한이 이후에 말씀을 선포하고 기적을 행할 때 어떻게 베드로에게 주도적인 역할을 맡기고 있는지 『사도행전』을 읽어보십시오. 야고보도 자기의 분량대로 그리 오랜 생애를 살지 않았습니다. 부르심을 받았을 때 부터 혈기왕성했던 그는 모든 인간적인 냄새가 나는 목표들은 발밑에 밟아 두고 그렇게 고고이 일어서서는 순교의 고난으로 곧장 뛰어들었습니다.

* PG 58:619~622; RDO:482~483

:: 이 사랑이라는 무기로,
　　이 사랑이라는 계단으로

훌젠티우스
(Fulgentius of Ruspe, 주후 468~533)

　어제 우리는 약속의 때를 따라 태어나신 영원한 우리 왕의 탄생을 칭송하였습니다. 오늘 우리는 그의 병사가 당한 승리의 고난을 칭송하려 합니다. 육신의 옷을 입으신 우리 왕은 어제 처녀의 태에서 나와 이 세상에 은총으로 왕림하셨습니다. 그의 병사는 오늘 그의 육체의 성막에서 나와 영광스럽게 하늘로 올라갔습니다.

　우리 왕은 그의 지극히 높으신 위엄에도 불구하고 우리들을 위해 평범한 모습으로 오시되, 그렇다고 빈손으로 오시지 않았습니다. 우리 왕께서는 그의 병사들에게 놀라운 선물을 안겨주셔서 그들로 부유하게 하셨을 뿐 아니라 또한 전투에서 무적으로 만들어 주셨습니다. 그 선물은 바로 '사랑'으로, 이 선물로 인해 우리는 그의 신성에 참여하게 되었습니다. 우리 왕께서는 넉넉하게 베푸시되 그로 인해 그의 재산이 줄어들지 않습니다. 그를 충성되게 따르는 자들이 처한 가난을 믿기 어려운 방법으로 부유함으로 바꾸시되, 그의 셀 수 없는 막대한 재산은 조금도 줄어들지 않고 여전히 그대로 입니다.

그리스도께서 하늘로부터 이 땅에 가져다 주신 사랑의 선물이 스데반을 땅에서 하늘로 들어 올렸습니다. 우리 왕에게서 먼저 발견된 사랑이 후에는 그의 병사에게서 비춰졌습니다. 스데반은 사랑이라는 무기로 모든 전투에서 승리했고, 그의 이름이 아로 새겨진 면류관을 받았습니다. 하나님을 향한 그의 사랑이 스데반으로 하여금 사나운 폭도들에게 굴복하지 않도록 붙잡아 주었습니다. 이웃을 향한 그의 사랑이 그에게 돌질하는 사람들을 위해 기도하도록 붙잡아 주었습니다. 사랑은 스데반으로 하여금 진리를 잘못 알고 있는 사람들을 꾸짖어 돌아서도록 용기를 주었습니다. 사랑은 스데반으로 하여금 그에게 돌질하는 사람들을 위해 기도하여 그들이 받을 형벌을 면하도록 이끌어 주었습니다. 사랑에 힘을 얻은 스데반은 사울의 으르렁거리는 잔혹함을 이기고, 그를 핍박하던 자를 하늘의 벗으로 삼았습니다. 그의 거룩하고 다함없는 사랑 속에 스데반은 꾸짖음으로 변화시킬 수 없던 사람들을 기도로 구할 수 있기를 간절히 바랬습니다.

이제 마침내 바울은 스데반과 함께 기뻐하고 있습니다. 바울은 스데반과 더불어 그리스도의 영광 속에서 즐거워하며 그와 더불어 다스리고 있습니다. 스데반이 먼저 바울이 던진 돌에 맞아 죽임 당했고, 그의 기도를 받은 바울이 그의 뒤를 따랐습니다. 사랑하는 자들이여, 스데반을 죽였음에도 바울의 인생은 부끄러움 없는 참된 인생입니다. 사랑이 이 두 사람을 채워주고 있으니 스데반도 바울과 벗함으로 즐거워합니다. 자신을 위협하는 군중들의 포악함을 제압한 것은 스데반이 받은 사랑이고, 바울 자신의 허다한 죄를 덮은 것은 바울이 받은 사랑이었습니다. 이 두 사람에게 천국을 가져다 준 것은 바로 사랑이었습니다.

참으로 사랑은 모든 아름다움의 원천입니다. 사랑은 무엇으로도 뚫을 수 없는 방패이고 천국에 이르는 길입니다. 사랑의 길을 걷는 누구든지 잘못된 길을 갈 수도 없고, 혹 그럴까 하여 염려할 필요도 없습니다. 사랑은 사랑을 실천하는 자들을 인도하고 보호하여 그 여정의 마침에 이르게 합니다.

그리스도께서 자신에게 속한 사람들이 밟고 하늘로 올라갈 수 있도록 사랑으로 계단을 만드셨습니다. 그러니 성심과 성의를 다해 사랑을 단단히 붙잡고, 사랑이 살아있는 증거를 서로에게 보이며, 한 걸음씩 이 계단을 오르십시오.

* CCL 91A: 905~909; RDO:459~460

:: 그리스도의 사랑이 아니고서는

요한 크리소스톰
(John Chrysostom of Constantinople, 주후 347~407)

바울은 그 누구보다 참된 인간의 모습이 어떠한지, 무엇으로 인간이 고결해지는지 그리고 이 특이한 동물이 과연 어떤 차원의 고결한 상태에까지 이르 수 있는지를 보여준 사람이었습니다. 그는 날마다 어제보다 높이 있는 것을 바라보았고, 날마다 어제보다 더 뜨거운 열심을 품고 일어나 새 기운으로 그를 위협하는 위험들에 맞섰습니다. 이런 그의 삶의 자세가 다음 말씀 속에 고스란히 담겨있습니다.

"즉 뒤에 있는 것은 잊어버리고 앞에 있는 것을 잡으려고… 달려가노라."[빌 3:13]

죽음을 면할 수 없음을 알게 되었을 때 다른 이들에게 자신의 기쁨을 함께 나누자며 작별을 고했습니다.

"이와 같이 너희도 기뻐하고 나와 함께 기뻐하라."[빌 2:17]

또한 온갖 위험과 억울함과 모욕을 동반한 위협을 당할 때에도 "그러므로 내가 그리스도를 위하여 약한 것들과 능욕과 궁핍과 박해와 곤고를 기뻐하노니…"[고후 12:10]하고 말했습니다. 도리어 이러한 것들을 의의 무기라고 부르면서, 자신이 이 무기들 덕을 얼마나 봤는지에 대해 자랑하였습니다.

그렇게 그의 원수들이 파놓은 함정에 빠지지 않고 의기양양한 모습으로 그들의 온갖 공격을 승리로 뒤바꾸어 놓았습니다. 그는 수시로 매 맞고 모욕당하고 욕 먹었지만 도리어 그 자신은 전쟁에서 승리하고 고국으로 개선하는 길을 걸으며 이들을 마치 전리품인양 자랑하였고, 또한 이들로 인해 "우리에게 승리를 주시는 하나님께 감사하노니"[고전 15:57] 하며 하나님께 감사를 드렸습니다.

이러한 배경에서 사도 바울은 우리가 우리 마음을 가장 흡족하게 해주는 영예를 간절히 바라는 것보다 더 간절하게 그가 뜨거운 열심으로 복음을 전한 댓가로 돌려받는 수치스런 모욕을 바랬고, 우리가 살려고 발버둥치는 것보다 더 간절하게 죽으려고 발버둥쳤고, 우리가 부해지려고 애쓰는 것보다 더 간절하게 가난해지려고 애썼던 것입니다. 한 가지 그가 염려했던 것이 있다면, 아니 실로 두려워했던 것이 있다면 그것은 하나님에 대해 죄를 범하는 것이었습니다. 그 외에는 무엇도 그를 흔들지 못했습니다. 이 말은 곧 그가 진실로 원했던 단 한 가지는 항상 하나님을 기쁘시게 해 드리는 것이었다는 뜻입니다.

이런 바울 자신에게 있어 가장 중요했던 것은 자신이 그리스도의 사랑을 받고 있음을 확실히 아는 것이었습니다. 그의 사랑에 겨워 바울은 자신을 어떤 누구보다 행복하다 여겼습니다.

그러니 그의 사랑 없이는 총독들이나 권력자들과 친분을 갖는 것에는 아무런 만족감도 갖지 못했을 것입니다. 그런 바울은 그리스도의 사랑 없이 고관대작들 사이에 있기보다는 모든 사람들 중에 가장 낮은 자가 되더라도, 아니 지옥에 떨어진 사람들 중에 하나가 자신이 된다고 해도 그의 사랑 속에 거하는 것을 보다 좋게 여겼습니다.

그가 보기에는 그리스도의 사랑으로부터 끊어지는 것이야말로 가장 끔찍하고 상상하기조차 힘든 고통이었기에, 그 끊어지는 아픔 자체가 지옥이자 참기 힘든 끝없는 고문이었던 것입니다.

그렇기에 그리스도의 사랑 가운데 거함이 곧 생명과 세상과 천사들과 현재와 장래와 나라와 약속과 셀 수 없는 축복을 소유하는 것과 마찬가지라 바울은 여겼던 것입니다. 세상의 어떤 것에도 쓰다 달다하며 연연하지 않았던 바울이었기에, 그리스도의 그 사랑이 아니고서는 무엇도 그를 울고 웃게 하지 못했습니다.

바울은 우리들의 눈에 보이는 세상을 채우는 것들을 중요하게 여기지 않았습니다. 그러한 것들에는 들판에 시들은 들풀만큼도 가치를 두지 않았습니다. 그를 반대하는 막강한 힘을 쥔 통치자들이나 성난 군중들에 대해서 그는 눈꼽만큼도 신경쓰지 않았습니다.

죽음이나 고통이나 어떤 고난이 찾아오던지, 그에게는 그 모든 것들이 아이들 장난에 지나지 않아, 그리스도를 위하여 거뜬히 짊어질 수 있는 그런 정도의 짐일 뿐이었습니다.

* PG 50:477~480; RDO:463~464

:: 예수 그리스도를 얻을 수만 있다면

이그나티우스
(Ignatius of Antioch, 주후 35~108)

여러분은 순교자들이 거둔 승리 때문에 그들을 시기하기보다는 그 승리를 위하여 그들을 훈련시켰습니다. 그렇기에 저 또한 여러분이 순교자들을 훈련시키던 그 방법으로 일관되게 저를 대해주시기를 부탁드립니다. 저를 위해서는 담대함과 인내력을 주셔서 옳은 것을 말할 뿐만 아니라 옳은 뜻을 품을 수 있도록 간구해 주십시오. 그래서 제가 한 사람의 그리스도인으로 기억될 뿐 아니라 그 진정성을 증명할 수 있도록 말입니다. 제가 순교로써 그리스도임을 스스로 증명할 수 있다면 사람들은 저를 그리스도인이었다고 기억할 것이며, 그러면 이 세상이 더는 저를 볼 수 없게 될 때에 그리스도에게 바친 저의 충성이 분명해질 것입니다. 여러분의 눈으로 볼 수 있는 것 중에 진실로 좋은 것은 아무것도 없습니다. 우리 주 예수 그리스도께서 지금 하나님 아버지께로 돌아간 이후에 이 세상에 계실 때보다 오히려 자신을 보다 더 밝히 드러내고 계시지 않습니까. 우리의 행할 과업은 사람들의 귀가 솔깃하도록 선전하는 것이 아닙니다. 기독교 신앙은 세상의 미움을 받을 때 그 위대함을 드러내는 법입니다.

저는 하나님을 위해 죽게 됨을 기쁘게 여기므로 모두에게 저를 막지말라고 알리기 위해 모든 교회들에게 편지를 쓰는 것입니다. 부디 저에게 엇나간 친절을 베풀지 말아주십시오. 저로 맹수들의 먹이가 되어 하나님께 갈 수 있게 해 주십시오. 저는 하나님의 밀알이니 맹수의 이빨 사이에 갈려서 그리스도의 순전한 빵이 되려고 합니다.

여러분은 차라리 맹수들의 뱃속이 통채로 제 무덤이 되고 어떤 살점도 남기지 않도록 맹수들을 잘 얼러주십시오. 그러면 제가 죽어서 그 누구에게도 민폐를 끼치지 않을 것입니다. 이 세상이 더는 제 육신을 보지 못할 때, 그때 비로소 저는 그리스도의 참된 제자가 되는 것입니다. 제가 이렇게 남김없이 하나님께 제물로 드려질 수 있도록 그리스도에게 기도해 주십시오. 저는 베드로와 바울 같은 위치에서 여러분에게 명령하는 것이 아닙니다. 그들은 사도들이었으나, 저는 사형선고 받은 범죄자입니다. 그들은 자유로워졌으나, 저는 여전히 묶여 있습니다. 하지만 고난 받으면 예수 그리스도의 자유인이 되는 것이니 언젠가 저는 그리스도 안에서 자유인으로 다시 일어설 것입니다.

감옥에 갇힌 저는 이제 제가 가진 소원들을 내려놓는 법을 배우고 있습니다. 시리아에서 로마에 이르는 해로와 육로에서 저는 사슬에 묶인 채 밤과 낮으로 열 마리의 표범들(저를 감시하도록 붙여진 압송 병사들을 말하는 것입니다)과 싸우고 있습니다. 여러분이 그들에게 선처를 호소할수록 그들은 더 포악해 집니다. 그들이 나를 함부로 대할수록 저는 더 주님의 제자로 단련되고 있습니다.

"이로 말미암아 의롭다 함을 얻지 못하노라."[고전 4:4]

저를 잡아먹기 위해 준비된 맹수들과 함께 있게 된다면 얼마나 좋겠습니까! 그 맹수들이 순식간에 일을 마쳤으면 하고 바래봅니다. 맹수들이 저를 빨리 잡아먹고 또 가끔 그런 일이 벌어지는데, 제 몸에 손대기를 주저하지 않도록 어를 작정입니다. 맹수들이 뒷걸음질을 치거든 어서 달려들도록 제가 그것들을 위협할 작정입니다. 저를 이해해 주십시오. 저는 지금 제게 좋은 것이 무엇인지 뚜렷히 알고 있습니다. 이제서야 저는 막 그리스도의 제자가 되시 시작했습니다. 눈에 보이는 것이나 보이지 않는 것이나 어떤 것도 저에게서 상급되신 예수 그리스도를 빼앗아 갈 수 없으리라! 불이나, 십자가나, 맹수 떼거리나, 갈기 갈기 찢어놈이나, 뼈에 가하는 고통이나, 팔다리에 행하는 난도질이나, 온 몸을 으스러뜨림이나, 끔찍한 악마의 고문이나 그래서 내가 예수 그리스도를 얻을 수만 있다면 이 모든 것들로 나를 맞으라!

* RDO:325~326

:: 눈과 입술과 가슴에 십자가 성호를

니사의 그레고리
(Gregory of Nyssa, 주후 335~394)

(바실의 여동생)마크리나는 더이상 방안에 함께 있던 자들과 말하지 않았습니다. 다만 그녀의 눈을 또렷히 맞추고 있던 한 사람에게만 말했습니다. 그녀의 침대는 동쪽을 향해 돌려졌고, 우리와의 대화를 멈춘 그녀는 하나님께 말하기 시작했습니다. 그녀가 드린 기도가 이렇습니다.

"주님, 당신은 죽음에 대한 두려움으로부터 우리를 풀어주셨습니다. 주님은 우리를 위해 이 땅에서의 삶의 끝을 참된 삶의 시작으로 바꾸어 주셨습니다. 잠시 잠간은 우리의 육신이 잠들어 쉬게 해 주시다가 마지막 나팔 소리와 함께 잠에서 깨워 주실 것입니다. 주께서 손수 흙을 가지고 만드신 우리의 육신을 안전하게 보존하시려 땅으로 돌려보내셨다가, 당신이 주신 썩어 형태가 사라진 육신을 다시 회복시켜 은혜로써 썩지 않을 것으로 변화시켜 주실 것입니다. 주님은 우리가 당한 저주와 죄를 스스로 뒤집어 쓰셔서 그로부터 우리를 속량하여 주셨습니다. 주님은 불순종으로 인해 빠진 깊은 구덩이에서 사악한 이빨로 우리를 움켜쥐고 있던 그 뱀의 머리를 밟아 으깨셨습니다. 주님은 지옥 문을 부수시고 죽음을 다스리던 자를 포박하셨을 때 우리에게 부활에 이르는 길이 열렸습니다. 당신을 경외하는 자들에게 원수를 물리치시고 우리의 생명을 보호해 주심을 약속하는 눈에 보이는 증표로 거룩한 십자가의 성호를 주셨습니다."

"오 영원하신 하나님, 제가 어머니의 태에서 나온 이후로 주님은 저의 피난처가 되어 주셨습니다. 제 영혼이 온 힘을 다해 당신을 사랑합니다. 어릴적부터 지금까지 저의 몸과 영을 다 당신께 구별되게 드렸습니다. 빛나는 천사 하나를 제 곁에 붙여 주셔서 그로 내 손을 잡고 거룩한 자들이 살아가는 곳 둘레로 잔잔한 물이 흐르는 낙원으로 인도하게 하소서. 화염검을 부서뜨리고 당신 옆에서 십자가에 달려 자비를 구했던 강도에게 낙원을 허락하신 당신이오니 당신의 나라에서 저를 또한 기억하여 주옵소서. 이는 당신을 향한 경외와 함께 당신이 내리실 심판에 대한 두려움 때문으로, 저 역시 십자가에 매달렸고 제 사지가 못 박혔기 때문입니다.

무시무시한 심연의 구렁텅이가 당신과 저를 갈라 놓지 않게 하옵소서. 살육자가 저의 가는 길을 막아 서게도 마시고, 비록 인간의 연약함으로 인해 제가 말이나 행실이나 생각에 있어 넘어지고 죄 지은 것이 있더라도 제 죄가 당신의 눈 앞에서 발견되게도 마옵소서. 이 땅에서 죄를 사할 권세를 지니신 주님이 저를 용서하여 주셔서 저로 다시 숨을 쉬게 하시고, 이 땅에서 육신을 입고 지내던 제 영혼의 모습에 아무런 점도 없이 흠도 없이 당신 앞에 서게 하소서. 점도 흠도 없는 저의 영혼을 당신 보시기에 향내나는 제물로 그 손에 받아주소서."

마크리나는 이렇게 기도 드리면서 눈과 입술과 가슴에 십자가 성호를 그었습니다. 그리고 기도와 함께 죽었습니다.

* SC:178, 216~217; RDO:217~218

:: 주여, 당신은 저를 아십니다

어거스틴
(Augustine of Hippo, 주후 354~430)

주여, 주님은 저를 아십니다. 저로 주님을 알게 하소서. 저로 주님을 알아가게 하시되, 제가 주님께 알려진만큼 주님을 알아가게 하소서. 당신은 제 영혼의 힘이시니, 그 속에 찾아오셔서 주님이 거할만한 처소로, '흠 없고 점 없는' 당신의 소유로 삼으시나이다. 이 소망과 이유에 대해 저는 말하는 것입니다. 제가 마땅히 기뻐해야할 때가 있다면 이 소망 가운데 있기에 기뻐하는 것입니다. 인생만사를 놓고 따지자면, 눈물을 흘릴만한 가치가 낮은 일들일수록 사람들은 통곡소리를 더 높이고, 그럴 가치가 높은 일들일수록 통곡소리가 잦아듭니다.

"진리를 따르는 자는 빛으로 오나니..."[요 3:21]

주여, 저는 당신 앞에서만 찬양함으로 이 진리를 행하며, 여러 증인들 앞에서는 당신에 대한 글을 씀으로 이 진리를 행하고 싶습니다.

오 주님, 제 양심의 깊은 속살까지라도 당신의 시선 앞에서는 벌거벗겨져 드러납니다. 주님께 고백하고 싶지 않은 것이라해서 그 어떤 것이 제 안에 숨어있을 수 있겠습니까? 만약 그럴 수 있다면 그것은 주님으로부터 제가 숨어서가 아니라 제 자신에게서 당신을 숨겼기 때문이겠지요. 하지만 지금 스스로 못마땅한 제 모습이 눈에 밟힙니다. 그러나 제 눈에 비친 주님은 저의 빛이시고 기쁨의 샘이시니 사랑스럽고 소유하고 싶은 모습입니다. 저는 제 스스로가 더는 어찌할 수 없게 부끄럽습니다. 제 자신일랑 단념해 버리고 당신을 선택함은 주께서 저로 그렇게 할 수 있게 하시기 전에는 제가 당신도 그리고 제 자신도 기뻐할 수 없음을 깨닫기 때문입니다.

주여, 제가 누구이던지 간에 당신의 밝은 눈 앞에서 벌거벗겨지고 맙니다. 주님께 고백할 때 제가 얻는 유익에 대해서는 이미 말씀드렸습니다. 제가 드리는 고백은 이 세상의 언어나 말로 드리지 않고 당신이 듣고 이해하시는 제 심령의 언어와 마음의 울부짖음으로 드립니다. 제가 악할 때 당신께 드리는 고백은 제 자신에 대한 불만의 표현입니다. 하지만 제가 선을 행할 때 당신께 드리는 고백이라 해서 그 선한 공로를 제 자신에게 돌릴 수는 없습니다. "주는 의인에게 복을 주시되"[시 5:13] 먼저 "경건하지 아니한 자를 의롭다 하시니"[롬 4:5] 그렇기에 저는 당신 앞에서 침묵으로 고백하나 사실 침묵은 침묵이 아닙니다. 제 목소리는 침묵하나 제 심장은 울부짖습니다.

오 주여, 당신은 저의 심판자이십니다.

"사람의 일을 사람의 속에 있는 영 외에 누가 알리요.[고전 2:11] 그럼에도 자기 속에 있는 자신의 영이라 할지라도 알지 못하는 일이 있기 마련입니다. 하지만 주님은 우리 모두를 지으셨기에 우리의 모든 것을 알고 계십니다. 제 자신을 생각해 보면 저는 그저 먼지와 재임을 알기에, 당신의 시선 앞에서 제 자신을 경멸합니다. 그럼에도 제 자신에 대해서 알지 못하는 부분에 있어 당신에 대해서 아는 것이 있습니다. 그렇습니다. 우리가 지금은 거울로 보는 것 같이 희미하나 그 때에는 얼굴과 얼굴을 대하여 볼 것입니다.[고전 13:12] 그렇기에 제가 당신과 떨어져 유배생활을 하는 동안은 제가 주님보다는 제 자신을 더 많이 대할 것입니다. 제 자신이 어떤 유혹에 저항할 수 있고 없는지 아직은 몰라도, 당신은 어떤 유혹에도 사로잡히시지 않을 줄을 분명히 알고 있습니다. 그럼에도 제가 소망을 품게되는 이유는 오직 당신은 미쁘사 우리가 감당하지 못할 시험 당함을 허락하지 아니하시고 시험 당할 즈음에 또한 피할 길을 내사 우리로 능히 감당하게 하시기 때문입니다.[고전 10:13]

그렇기에 제 자신에 대해서 아는 것과 또한 알지 못하는 것을 주님께 모두 고백하겠습니다. 주께서 깨닫게 해 주셨기에 비로소 제 자신을 아는 지식을 소유하게 되었습니다. 아직까지 제가 소유하지 못한 제 자신을 아는 지식은 당신의 얼굴 앞에서 저의 어둠이 정오의 태양 같이 변하기 전에는 제 것이 되지 못할 것입니다.

* CSEL 33:226~227, 230~231; RDO:109~110)

:: 완전한 하나됨의 신비

힐러리
(Hilary of Poitiers, 주후 300~368)

　우리는 말씀이 육신이 되었음을 믿고, 또한 그 육신을 성찬예식 가운데 받음을 믿습니다. 그렇다면 이를 믿는 우리들이 어떻게 그 말씀이 우리 가운데 거함을 믿지 않을 수 있단 말입니까? 말씀이 인간이 되셨을 때 그는 진실로 우리가 지닌 육신을 입으셨고 이후로 영원토록 그의 육신과 하나되셨습니다. 그의 육신을 가지고 치루는 성례식에서 말씀은 실로 그의 신성과 연합된 육신을 우리에게 주십니다. 아버지께서 그리스도 안에 계시고 또 그리스도께서 우리 안에 계시기에, 이러한 이유로 우리 모두는 하나입니다. 그리스도는 그의 육신을 통하여 우리 안에 계시고 우리 또한 그의 안에 있습니다. 우리는 하나님 안에서 그리스도와 하나됨을 이룹니다.

우리가 그리스도의 살과 피를 받아 먹고 마심으로 어떻게 그의 안에 거하는지에 대해서 주님께서 친히 주신 말씀 속에 분명하게 드러나 있습니다.

"조금 있으면 세상은 다시 나를 보지 못할 것이로되 너희는 나를 보리니 이는 내가 살아 있고 너희도 살아 있겠음이라 그 날에는 내가 아버지 안에 너희가 내 안에 내가 너희 안에 있는 것을 너희가 알리라."[요 14:19~20]

하나됨의 문제가 마음의 차원에서만 다뤄질 문제라면 어째서 그리스도께서 그것이 어떤 방식으로 이루어짐을 이 말씀 속에서 굳이 가르쳐 주셨겠습니까? 그리스도는 그가 지닌 신성으로 인하여 아버지 속에 계셨고, 우리는 그리스도께서 인간으로 태어나셨기에 그의 속에 있고, 그리스도께서는 성찬의 신비를 통해 우리 안에 계십니다. 이 하나됨의 신비야말로 그리스도께서 우리로 믿기 바라셨던 것입니다. 이 하나됨의 신비야말로 우리 안에 살아 계시되 동시에 아버지 안에 살아 계시고, 아버지 안에 살아 계시되 또한 우리 안에 살아 계신 중재자되신 그분을 통해 어떻게 완전한 연합이 이루어지는지를 이해하기 원하시는 방식이었습니다. 그리스도는 그의 영존하심 가운데 참으로 아버지 안에 계시고, 우리는 참으로 그리스도 안에 있으며, 마찬가지로 그리스도는 우리 안에 계십니다.

그리스도께서 친히 이 완전한 하나됨의 신비에 대해 다음과 같이 증언하고 계십니다.

"내 살을 먹고 내 피를 마시는 자는 내 안에 거하고 나도 그의 안에 거하나니…" [요 6:56]

그 누구도 그리스도께서 친히 그의 안에 있지 않으시는 한 그리스도 안에 있지 않습니다. 즉 그리스도께서는 그의 육신을 받는 사람의 육신만을 받아 입으실 것입니다.

이 완전한 하나됨의 신비에 대해 그리스도께서 다음과 같이 말씀하셨습니다.

"살아 계신 아버지께서 나를 보내시매 내가 아버지로 말미암아 사는 것 같이 나를 먹는 그 사람도 나로 말미암아 살리라."[요 6:57]

그리스도께서 아버지로부터 생명을 공급 받듯, 우리는 그리스도의 육신으로부터 생명을 공급 받습니다. 비유는 핵심을 더 쉽게 이해하도록 도와주기에, 이러한 비교를 통해 완전한 하나됨의 신비에 대해 이해해 볼 수 있습니다. 이 비유의 핵심은 바로 그리스도께서 우리 생명의 원천이시라는 것입니다. 육신을 입고 살아가는 우리가 그리스도의 육신을 받음으로 우리 안에 그리스도를 모시기에, 그리스도께서 아버지로부터 생명을 공급 받듯이, 그와 같이 우리도 그리스도로부터 생명을 공급 받습니다.

* PL 10:246~249; RDO:177~178

:: 주 예수 그리스도의 십자가만을

암브로시우스
(Ambrosious of Milan, 주후 337~397)

예전에 눈에 보이는 것만을 믿지 말라고 일러 드린적이 있습니다. 그렇게 일른 까닭은 여러분 입에서 '성경에 "눈으로 보지 못하고 귀로 듣지 못하고 사람의 마음으로 생각하지도 못하였다"[고전 2:9] 한 그 놀라운 신비가 바로 이것인가?' 하는 말이 나오는 것을 막기 위해서였습니다. 제 앞에 매일 보아오던 물이 있습니다. 이 물로 제가 매일 씻는다고 해서 성화^{聖化} 되지 않은 이 물이 저를 성화시킬 힘이 있겠습니까? 이 물은 성령님의 역사하심 없이는 성화의 역사를 일으킬 아무 능력이 없음을 기억하십시요.

그리스도의 십자가 없는 물이 무슨 소용이겠습니까? 성례의 역사가 없는 평범한 물질일 뿐입니다. 거듭 말씀드리지만, 물이 없이는 중생의 씻음을 위한 성례는 없습니다.

> "사람이 물과 성령으로 나지 아니하면 하나님의 나라에 들어갈 수 없느니라."
> [요 3:5]

 믿노라고 서명하듯이 예비 신자들은 주님의 십자가를 믿는 사람들입니다. 하지만 그렇다 해도 성부와 성자와 성령의 이름으로 세례를 받지 않는다면 죄 사함과 신령한 은혜의 선물을 받을 수 없습니다.
 시리아 사람 나아만은 구약의 법을 따라 일곱 번 물에 몸을 담그었습니다. 하지만 여러분은 성부와 성자와 성령의 이름으로 세례를 받았습니다. 세례 받던 날을 기억 속에 떠올려 보신다면, 성부와 성자와 성령을 향한 여러분의 믿음을 공개적으로 선언했습니다. 그 후의 일들을 떠올려 보십시오. 이 믿음의 선포와 함께 여러분은 세상을 향해 죽었고 하나님을 향해 다시 일어났습니다. 죄에 대하여 장사되고 영생을 위해 다시 태어났습니다. 그러니 세례 받는 물에 아무 역사가 없지 않음을 믿으십시오.
 서른 여덟 해 된 병자는 자신을 베데스다 못에 데려다 줄 이를 기다리고 있었습니다. 그렇게 해 줄 이가 처녀의 몸에서 태어난 주 예수가 아니면 다른 누구이겠습니까? 주 예수님이 이 땅에 찾아오신 목적은 단순히 그의 그림자로 병자 하나를 덮어 회복시키기 위함이 아니라, 진리되신 주님이 친히 우주를 회복시키기 위함이었습니다. 주 예수는 오시기로 기대되었던 자요, 하나님 아버지께서 세례 요한에게 "성령이 내려서 누구 위에든지 머무는 것을 보거든 그가 곧 성령으로 세례를 베푸는 이인 줄 알라"[요 1:33] 말씀하셨던 그

자입니다. 노아가 방주에서 물 위로 날려 보낸 비둘기가 바로 성령님의 모습이었음을 여러분이 보고 깨닫게 하려는 의도가 아니었다면 무슨 까닭으로 성령님이 비둘기 같이 내려 오셨겠습니까? 다윗도 "여호와의 소리가 물 위에 있도다 영광의 하나님이 우렛소리를 내시니 여호와는 많은 물 위에 계시도다"[시 29:3]라고 노래하였습니다. 또 예를 들자면 기드온의 기도에 대한 응답으로 불이 하늘에서 떨어지고, 엘리야가 기도할 때 하나님이 제단을 태울 불을 내려주셨다고 성경은 증거하고 있습니다.

여러분이 물 속으로 잠겼을 때 "저는 성부와 성자와 성령을 믿습니다"라고 고백했던 것을 기억하십시오. 그때 "저는 보다 위대하시고, 그보다 덜 위대하시고, 가장 덜 위대한 분을 믿습니다"라고 고백하지 않았습니다. 여러분의 깨달음을 담고 있는 이 고백을 통해 여러분은 아버지와 같은 위격의 아들을 믿고 또 그 아들과 같은 위격의 성령을 믿겠노라며 다만 다음 이 한 가지 특별 조건 속에 다짐하였습니다. 주 예수 그리스도의 십자가만을 믿노라고 공개적으로 선언한 것 말입니다.

* SC 25 bis:164~170; RDO:374~375

나오며
부활과 새 창조

"할렐루야 하늘에서 여호와를 찬양하며 높은 데서
 그를 찬양할지어다"

[그림 10] 19세기 프랑스 낭만주의 화가로 "민중을 이끄는 자유의 여신"으로 가장 알려진 Ferdinand Victor Eugène Delacroix (1798-1863)가 1853년에 그린 유화. "게네사렛 호수 위의 그리스도." 혼돈의 물결과 혼돈의 하늘과 혼돈의 제자들 사이에서 유유히 잠든 예수는 제자들의 다급한 요청에 깨어 바람을 꾸짖으신다. "잠잠하라 고요하라 하시니 바람이 그치고 아주 잔잔하여지더라" (막 4:39). 제자들은 다른 혼돈 속에 빠진다. "그가 누구이기에 바람과 바다도 순종하는가?" (막 4:41) 그들의 마음 속에 어쩌면 모세오경 첫 장의 첫 구절들이 떠올랐기 때문일 수도 있다. "땅이 혼돈하고 공허하며 흑암이 깊음 위에 있고 하나님의 영은 수면 위에 운행하시니라 하나님이 이르시되 빛이 있으라 하시니 빛이 있었고…"(창 1:2-3) "잠잠하라. 고요하라." 예수님의 이 말 앞에 죽음은 잠잠해 지나 우리의 마음은 살아난 생명으로 인해 잠잠할 수 없다. "그가 누구이기에 죽음도 순종하는가?"

:: 이 날은 여호와께서 정하신 것이라

니사의 그레고리
(Gregory of Nyssa, 주후 335~394)

"이 날은 여호와께서 정하신 것이라 이 날에 우리가 즐거워하고 기뻐하리로다."
[시 118:24]

생명의 다스림이 시작되었고 죽음의 압제는 끝이 났습니다. 새 탄생이 이루어지고, 새 생명이 세상으로 나오고, 존재의 새로운 질서가 도래하니 우리의 모습이 변화되었도다! 이 탄생은 "혈통으로나 육정으로나 사람의 뜻으로 나지 아니하고 오직 하나님께로부터"[요 1:13] 난 것입니다. 어떻게 이런 일이 벌어진 건지 궁금하다면 제가 명확하게 설명해 드리겠습니다. 믿음은 이 새 생명을 잉태한 어머니의 태요, 세례는 대낮의 빛 가운데로 생명을 데려나온 탄생입니다. 교회는 새 생명을 기르는 자로, 그 가르침은 젖이요, 하늘로부터 내려온 떡은 그 양식입니다. 새 생명은 덕을 행함으로 성장합니다. 지혜와 혼인합니다. 소망이라는 자식을 낳습니다. 하나님의 나라가 집입니다. 낙원의 희락이라는 어마어마한 상속재산을 받습니다. 그 삶의 끝은 죽음이 아니라 받을 만한 자들을 위해 예비된 복되고 영원한 생명입니다.

"…이 날은 여호와께서 정하신 것이라."[시 118:24]

이 날은 처음 창조되어 시간의 흐름에 따라 계수되었던 그날과는 달라도 한참 다른 날입니다. 이 날은 새 창조의 시작입니다. 어느 선지자도 노래했듯이, 이 날은 하나님이 새 하늘과 새 땅을 만드신 날입니다. "새 하늘이란 대체 어떤 것인가요?"라고 묻는 이가 있을 것입니다. 새 하늘이란 그리스도 안에 있는 우리 믿음의 푸른 창공입니다. 그럼 새 땅이란 무엇입니까? 땅과 같은 마음인데 그 위에 내리는 비를 받아서 마시고 풍성한 수확거리를 내어놓는 비옥한 땅입니다.

이 새 창조 안에 창조된 태양은 인생의 순결함이요, 별은 덕이요, 공기는 꾸밈없는 선함이요, 바다는 깊은 지혜와 지식의 부요함입니다. 하나님이 목자되셔서 양떼를 먹이시는 초장은 바른 교리와 신령한 가르침이요, 나무에 달린 과실은 하나님의 계명에 대한 순종입니다.

이 날에 하나님의 형상으로, 하나님의 모습으로 지어진 참된 인간이 창조됩니다. 주님이 정하신 이 날은 새로운 세상의 시작입니다. 이 날에 대해 한 선지자가 입을 열어 이 날의 낮은 다른 날과 같지 않을 것이요, 밤은 다른 밤과 같지 않을 것이라 말하였습니다. 하지만 이 날이 우리에게 가져다 줄 가장 놀라운 선물에 대해서는 아직까지 언급하지 않았습니다. 이 날은 죽음의 고통을 파하고 죽은자들 가운데 첫 열매를 내었습니다.

"…내가 내 아버지 곧 너희 아버지 내 하나님 곧 너희 하나님께로 올라간다…"
[요 20:17]

이 얼마나 놀라운 소식입니까! 우리를 위해 우리와 같은 모습이 되셔서 우리를 당신의 형제와 자매로 삼으신 그분께서 지금은 인간의 모습으로 하늘의 참 아버지를 대함으로 그와 혈연을 맺은 모든 사람들로 그의 뒤를 따르게 하셨습니다.

* PG 46:603, 606, 626~627; RDO:214~215

:: 할렐루야, 주님을 찬양하라!

어거스틴
(Augustine of Hippo, 주후 354~430)

현재를 살아가면서 품는 우리의 생각 중심에 하나님을 향한 찬양이 있어야 합니다. 왜냐하면 앞으로 살아갈 삶에서 행하며 우리가 영원토록 기뻐할 일은 바로 하나님을 찬양하는 것이기 때문입니다. 그러니 지금 하나님을 찬양하는 것에 훈련이 되어있지 않으면 앞으로 다가오는 삶을 준비할 수 없기 때문입니다. 그래서 우리는 이 땅에서 살아가는 동안 하나님을 찬양하고, 하나님께 간구합니다. 우리의 찬양은 기쁨과 함께 표현되고 우리의 간구는 간절함으로 표현됩니다. 우리는 아직 소유하지 못한 무언가를 약속으로 받았습니다. 그리고 그 약속은 자신의 말을 지키시는 자에게서 주어졌기에 그를 신뢰함 속에 우리는 즐거워합니다. 하지만 그 약속의 성취는 아직까지 앞에 놓여 있기에 우리가 할 수 있는 일은 바라고 또 갈구하는 것입니다. 그러니 약속된 것을 받기까지 끝까지 바라는 것이 우리에게 좋고 그러다 우리의 갈구함에도 끝이 올 것입니다. 그때엔 찬양만이 홀로 남게 될 것입니다.

두 시대가 있는데, 하나는 현재 시련과 수고 속에 살아가는 현재의 시대이고 다른 하나는 영원한 평강과 희락 속에 살아갈 다가오는 시대이기 때문에 우리의 일 년 예배는 두 기간으로 이루어져 있습니다. 하나는 부활절 전기이고 다른 하나는 부활절 후기입니다. 부활절 전기는 지금 여기서 우리가 안고 살아가고 있는 모든 수고들을 담아내고, 반면 지금 누리고 있는 부활절 후기는 미래에 우리 것이 될 복락을 담아냅니다. 부활절 전에 예식을 통해 우리가 음미하는 것은 이 땅에서 살아가면서 현재 경험하는 것들이고, 부활절 이후에 드리는 예식은 아직 우리가 소유하지 못한 것을 가리키고 있습니다. 이런 이유로 인해 우리는 전기를 금식과 기도로 채우고, 금식이 끝난 지금 이 후기를 찬양으로 채웁니다. 우리가 부르는 "할렐루야"에 이런 의미가 담겨 있습니다.

이 두 기간 모두 머리가 되신 그리스도 안에 있는 우리를 위해 재현되고 보여집니다. 주님의 고난은 현재 우리가 겪고 있는 시련을 묘사해서 우리가 어떻게 고난 당하고 고초를 겪고 끝내 죽어야 하는지를 보여줍니다. 주님의 부활과 영광스런 변모는 장차 우리에게 주어질 생명을 보여줍니다.

그러므로 이제 여러분께 하나님을 찬양하라고 독려합니다. 하나님을 찬양하라고 권면하는 것이 우리가 "할렐루야"라고 말할 때 서로에게 전하는 메세지입니다. 여러분의 이웃들에게 "할렐루야, 주님을 찬양하라!"하고 인사하십시요. 그도 여러분에게 똑같이 화답할 것입니다. 우리 모두 서로에게 주님을 찬양하라고 독려합시다. 그렇게 해서 서로 다른 이들에게 그렇게 독려하라고 그것을 모든 이들이 하고 있게 될 것입니다. 그런데 여기서 여러분의 찬양이 여러분의 온 존재로부터 나오는 것인지 살펴보십시오. 다시 말해서, 여러분이 입술이나 목소리만 가지고 하나님을 찬양하지 않고 여러분의 마음과 삶과 행동을 가지고 하나님을 찬양하는지 살펴보십시오.

여기 교회에 모여든 우리는 지금 하나님을 찬양하고 있습니다. 하지만 흩어져 제 각기 삶으로 돌아가면 마치 하나님 찬양하기를 그치는 듯 합니다. 만약 아름다운 삶을 살기를 그치지 않는다면 우리는 언제나 하나님을 찬양하고 있는 것입니다. 정의를 왜곡시킬 때 여러분은 하나님 찬양을 그치는 것입니다. 아름다운 삶에서 떠나지 않는 한 여러분의 혀는 침묵할지라도 행실은 큰 소리로 "할렐루야"를 외칠 것이요, 하나님은 여러분 중심에 있는 것을 보실 것입니다. 우리의 귀로 서로의 목소리를 듣듯이, 하나님의 귀는 우리의 생각을 들으시는 법입니다.

시편 148편

할렐루야 하늘에서 여호와를 찬양하며 높은 데서 그를 찬양할지어다.
그의 모든 천사여 찬양하며 모든 군대여 그를 찬양할지어다.
해와 달아 그를 찬양하며 밝은 별들아 다 그를 찬양할지어다.
하늘의 하늘도 그를 찬양하며 하늘 위에 있는 물들도 그를 찬양할지어다.
그들이 여호와의 이름을 찬양함은 그가 명령하시므로 지음을 받았음이로다.

그가 또 그것들을 영원히 세우시고 폐하지 못할 명령을 정하셨도다.
너희 용들과 바다여 땅에서 여호와를 찬양하라.
불과 우박과 눈과 안개와 그의 말씀을 따르는 광풍이며,
산들과 모든 작은 산과 과수와 모든 백향목이며,
짐승과 모든 가축과 기는 것과 나는 새며,

세상의 왕들과 모든 백성들과 고관들과 땅의 모든 재판관들이며
총각과 처녀와 노인과 아이들아
여호와의 이름을 찬양할지어다 그의 이름이 홀로 높으시며 그의 영광이 땅과 하늘 위에 뛰어나심이로다.
그가 그의 백성의 뿔을 높이셨으니 그는 모든 성도 곧 그를 가까이 하는 백성 이스라엘 자손의 찬양 받을 이시로다 할렐루야!

* CCL 40:2165~2166; RDO:212~213

:: 교부목록

이그나티우스(Ignatius of Antioch, 주후 35~108)

로마와 알렉산드리아와 함께 초대교회 중심지였던 안디옥의 세 번째 주교였던 이그나티우스(사도 베드로를 첫 번째 주교로 여겼을 때), 그에게는 폴리캅과 함께 사도 요한의 가르침을 직접 들은 제자였다는 신빙성 높은 설[說]이 뒤따른다. 이그나티우스는 육신을 입고 이 땅에 오셔서 십자가에서 죽으시고 부활하신 예수 그리스도와의 연합을 인간의 구원으로 이해하여 열망하였다. 그리스도와의 연합에 대한 그의 열망은 로마 황제 트라얀의 맹수들에게 던져져 찢겨져서 죽음에 이른다. 그에게 있어 그리스도와의 연합은 삼위일체 하나님의 하나되심에 그 뿌리를 내려 하나된 교회라는 열매를 맺는다. '보편적인 교회'(Catholic Church)라는 표현을 처음으로 사용한 이가 바로 이그나티우스이다.

유스티누스 (Iustinus of Caesarea, 주후 103~165)

주후 2세기에 가장 주목할 만한 기독교 변론자였던 유스티누스, 그는 헬라 철학의 관점에서는 어리석은 초대 기독교를 '변론·방어'하기 위한 글들을 다수 썼다. 유대 지방에서 태어나 헬라 철학을 두루 섭렵하다고 향년 30세에 가이사랴 해변을 걷다가 만난 한 나이든 촌부로부터 복음을 듣고 그리스도를 따르게 되었다. 유스티누스는 당대의 철학적 언어로 기독교 믿음을 담아내어 세상과 소통하려고 노력했다. 세상에 대해 그가 변론한 것은 결국 그리스도였기에, 변론을 위해 그가 사용한 최고의 무기는 바로 그리스도가 당한 것 같은 순교의 죽음이었다.

이레나이우스 (Irenaeus of Lyons, 주후 135/140~202)

오늘날 터키 서부의 이즈밀에서 태어난 이레나이우스, 그는 프랑스 리옹에 세워진 기독교 공동체를 섬기기 위해 아시아를 떠나 이주한다. 당시 영적인 것과 육적인 것을 이분화하여 개개인이 각자의 영적인 깨달음에 이르러 구원을 얻는다고 주장하던 영지주의[Gnoticism]에 맞서 싸운 투사로, 교회사[史]에서 첫 번째 조직신학자로 거론되기도 한다. 그리스도께서 성령으로 말미암아 육신을 입고 우리에게 오셨다는 성경의 증거를 앞세워 이분법에 맞서고, 성령으로 말미암아 잉태된 사도적 교회의 전통을 앞세워 개인 구원론을 타파했다.

클레멘트 (Clement of Alexandria, 주후 150~215)

(아테네에서 태어나) 여러 스승을 찾아 떠돌며 수학하다가 당대 철학과 경제의 중심지였던 이집트 알렉산드리아에 정착한 클레멘트. 그에게 있어 헬라 플라토닉 철학은 믿음 안에서 해결해야 할 숙명적인 과제였다. 그의 결론은 율법이 유대인들과 하나님과 사이의 언약의 고리라면, 철학(지혜)은 이방인들과 하나님 사이의 언약의 고리라는 것이다. 클레멘트는 궁극의 지혜인 '로고스'가 인간의 육신을 입고 율법을 완성한 그리스도와의 연합을 철학의 완성으로 보게 된다. 철학은 한 인간이 그리스도에 대한 믿음에서 출발하여 그리스도를 통해 드러난 하나님을 닮아 비로소 연합이라는 목적지에 이르는 '길'이며, 이 길은 '생각'으로 닦여 있지 않고 죄의 정욕을 버리고 거룩한 사랑을 실천하는 수행과 그에 따르는 변화로 닦인 길이었다. 이 변화의 길로 부르시고 목적지까지 이끄시는 분은 '선생' 되신 그리스도이다. 그렇다면 왜 '로고스-그리스도'가 십자가의 끔찍한 죽음을 겪어야 했을까? 십자가는 자유의지, 수행, 실천, 닮음, 연합, 사랑같은 긍정의 언어들로 구원론을 써 내려간 그에게 있어 설명할 수 없는 수수께끼로 남게 된다.

터틀리안 (Tertullian of Carthage, 주후 160~220)

아프리카 카르타고에서 태어나 기독교 신앙을 비웃으며 살았던 터틀리안, 그는 삼십 대 중반부터 그리스도를 따르기 시작했다. 터틀리안은 교회사에서 처음으로 라틴어로 신학적인 글들을 저술하면서 삼위일체론 같은 기독교 교리를 변호하는 데 기여한다. 하지만 뛰어난 신학적 재능과 기여에도 불구하고 독선적인 성격으로 인해 교회로부터 떨어져 나와 교회로 부터 이단으로 명명된 '몬타니즘'[Montanism]에 속해 논란을 낳는다. 하지만 그런 후에도 여전히 교회를 우리 믿음과 생명의 '어머니'라고 부르며 교회를 완전히 저버리 않았다.

오리겐 (Origen of Alexandria, 주후 185~254)

이집트 알렉산드리아에서 태어나 자라며 클레멘트 아래에서 수학했던 오리겐, 그는 어린시절 로마의 박해로 인해 스승이 피신하고 아버지가 순교 당하는 것을 목격하며 평생 자신도 이 "피의 세례" 받기를 갈망했다. 202년에는 그의 어머니가 옷을 숨겨 집에 갇혀 소원을 이루지 못하고, 250년에는 성취에 가장 가까이 다가갔지만 끝내 이르지는 못하고 모진 고문의 후유증으로 4년 후 사망한다. 오리겐은 성경 주해와 해석의 뿌리로부터 교리와 철학과 변론과 기타 실천적 윤리의 열매를 맺는 방법론으로 교회 신학사의 조류를 바꾼 인물로 평가된다.

그에게 있어 성경은 죽은 글자가 아닌 성령에 의해 문자를 뛰어넘어 독자와 함께 움직이고 성장하는 생명체로, 기도와 교회 공동체 생활이 없이는 이해할 수 없는 하나님의 신비였다. 오리겐의 성경신학의 절정은 성경을 문자를 입고 성육신 하신 로고스-예수로 이해한 것이었다. 따라서 성경 읽기와 해석은 곧 모든 것을 버리고 예수 그리스도를 뒤따라 십자가와 부활을 경험하는 제자도이며, 그렇기에 성육신 하신 말씀을 친히 듣고 보고 만지며 뒤따르며 성령에 의해 변화되었던 사도들이야말로 성경 읽기와 해석 그리고 선포에 있어 우리가 뒤따라야 할 스승들이라 주장한다. 사도들의 증언과 감독 아래 쓰여진 복음서가 대표적인 예로, 오리겐은 이 책들이 '예수 그리스도의 마음'에 대한 정확한 해석이라고 보았다. 오리겐의 성경신학을 따라가면, 예수 그리스도와 성경해석자와의 관계가 문자라는 자물쇠로 잠겨진 의미의 보화 창고를 열어제치는 해석의 열쇠라는 결론에 이르게 된다. 즉 그리스도를 뒤따르지 않는 사람에게는 성경의 밭에 감추어진 구원의 값진 보화가 보일 수 없다는 것이다(마 13:44). 성경 연구와 설교를 위한 그의 독서방법이었던 '렉티오 디비나'[Lectio Divina, 영으로 읽는 독서]는 암브로시우스와 어거스틴을 통해 동방교회가 서방교회에 전해준 위대한 유산 중 하나로 평가된다.

한편 심지어 사탄과 타락한 천사들마저도 하나님의 사랑으로 구속되어 모든 영이 하나로 연합된다는 포괄적이고 우주적인 구원론 등, 당대 플라토니즘 철학의 렌즈로 바라보는 성경 해석을 통해 도출된 오리겐의 주요 교리들은 이후에 몇 세기에 걸쳐 정립되어져 간 정교회의 교리와 충돌하여 논란의 중심이 된다. 하지만 논란 자체가 역설적으로 초대교회에 미친 그의 영향력을 반영한다. 초대 교부들의 신학과 영성에서 오리겐의 흔적이 발견되지 않는 사례를 찾아보는 것이 더 쉬울 만큼 순교를 열망한 이 (교회사 최초의) 조직신학자이자 성경학자의 영향력은 절대적이고 방대했다. 오리겐 자신은 사후 몇 세기가 지나 533년에 열린 제 2차 콘스탄티노플 공의회에서 이단자로 정죄 받았으나, 그의 신학과 영성을 기초로 자신들의 토대를 쌓았던 았던 동방신학의 대표자들인 갑바도기아의 3대 교부들(바실과 니사의 그레고리 그리고 나지안주스의 그레고리)은 어느 교회 전통에서나 보편적으로 성인으로 추앙받고 있다. 최근 오리겐에 대한 재평가가 이루어지고 있는 현상은 이러한 역설과 무관하지 않다.

키프리안 (Cyprian of Carthage, 주후(208)~258)

아프리카 카르타고의 한 부유한 집안에서 태어난 키프리안, 그는 35세에 그리스도를 따르기 시작해서 쉽지 않은 과정을 거쳐 도시의 주교로 임명된다. 이후에도 각각 250년과 257~8년에 일어난 기독교 박해로 인해 쉽지 않은 목회를 감당해야 했다. 특히 박해 기간 동안 배교했다가 다시 믿음으로 돌아오려는 자들을 교회가 받아들일 것인지에 대한 논란과 함께 전염병마저 돌아 흉흉하던 시기, 키프리안은 교회의 하나됨을 위해 배교자들에게 다시 기회를 주고 전염병으로 신음하는 믿지 않는 자들을 열심히 구제해서 하늘에 보물을 쌓아두라며 믿는 자들을 독려했다. 258년 순교자의 대열에 동참한다.

유세비우스 (Eusebius of Caesarea, 주후 263~339)

'최초의 교회사학자'하면 떠오르는 이름 유세비우스, 그는 325년에 열린 최초의 교회 공의회인 니케아 공의회에서 예수님을 창조된 피조물이라고 주장하던 아리우스주의에 반박하여 예수님은 하나님과 '동질'이라는 선언을 기초로 한 니케아 신경을 제정하는 데 주도적인 역할을 한다. 그의 저서『교회사』는 니케아 공의회가 열리기 한 해 전인 324년까지의 교회사를 연대기 순으로 기록함으로, 이 공의회가 교회사에 어떤 기념비를 세웠는지를 뒷받침해 준다. 그러므로 유세비우스는 교회역사가로 먼저 기억되기 보다는 니케아 공의회로 먼저 기억되어야 한다.

아타나시우스 (Athnasius of Alexandria, 주후 293~373)

　교회사로부터 '정통신앙의 아버지'라는 명예로운 칭호를 얻은 아타나시우스, 그는 아리안주의에 맞서 니케아 공의회가 공표한 예수 그리스도가 지닌 하나님과의 동등한 신성에 대한 신념을 지키다 알렉산드리아의 주교 자리에서 여러 차례 강제로 추방된다. 이집트 사막으로 도망하여 수도자였던 안토니와 17년을 동거하면서 그와 맺은 아름다운 우정의 결실로 그의 생애에 대한 전기를 쓴다. 이 책은 서방교회에 수도원 운동을 낳는 데 결정적인 산파 역할을 한다. 아타나시우스가 정경으로 제안한 27권으로 구성된 신약성경은 오늘날 거의 모든 교회가 그대로 사용하고 있다.

힐러리 (Hilary of Poitiers, 주후 300~368)

345년에 세례를 받고 353~354년에 주교로 임명된 힐러리, 그는 마태복음 29:19에서 예수님이 "아버지와 아들과 성령의 이름으로 세례를 베풀고…"하신 말씀을 중심으로 삼위일체론을 연구해 예수님의 하나님과 동등된 신성을 부인한 아리안주의에 맞섰다. 이로 인해 356년에 오늘날 터키로 유배되었다가 360~361년에 주교 자리에 복귀하여 아리안주의로 흐르던 교구의 흐름을 정교회 믿음으로 돌리는 데 결정적으로 기여한다. 예수님의 신성에 대한 자신의 타협하지 않는 믿음뿐 아니라 그의 원만한 대인관계 능력이 이를 가능케 했다는 평가다.

에프렘 (Ephrem of Edessa, 주후 306~373)

아시아 시리아권 초대교회를 대표하는 시인이자 신학자였던 에프렘, 그는 안수집사로서 그는 안수집사로서 신학과 음악과 예배의 발전에 기여했다 그에게 있어 하나님의 신성과 신비를 드러내기 위해 인간이 지닌 가장 적절한 방법은 시 문학을 통한 상징적 언어라고 여겼다. 그래서 그는 시어로 신학적인 글을 썼고, 이 글은 곧 찬송이 되어 예배에 사용되고 또 노래가 되어 성도들의 교리와 신앙교육에 효과적으로 사용되었다. 그렇기에 교회 역사는 그에게 '성령님의 하프'라는 특별한 애칭을 선사하였다.

 **시릴** (Cyril of Jerusalem, 주후 313~386)

예루살렘의 주교로서 입교자들과 성도들을 교육하기 위해 24개 주제에 걸쳐 저술한 교리 교수로 유명한 시릴 그의 생애는 357년, 360년 그리고 367년부터 11년 동안 보낸 마지막 유배생활로 점철되었다. 당시 인간을 몸과 마음과 영으로 이루어진 존재로 이해했듯, 그의 교리 교수는 교리(몸)와 윤리(마음)와 신비(영)로 이루어져 온전한 인간의 존재와 삶과 구원에 대해 가르치고 있다.

나지안주스의 그레고리 (Gregory of Nazianzus, 329~390)

다른 어떤 수식어보다 동향 갑바도기아 출신이자 아테네에서 함께 수학했던 바실의 친구로 기억되고 싶었을 그레고리, 그의 바램과 달리 교회사는 그에게 '대신학자 그레고리'라는 거창한 이름을 수여한다. 부드럽고 섬세한 성품의 소유자로 대중들 앞에서의 목회보다는 홀로 수행과 사색과 연구를 더 좋아했던 그레고리는 주교로 안수 받을 여러 번의 기회마다 수도원으로 도망친다. 아테네에서 수학을 마치고 아버지가 안수 받기를 원했을 때는 바실이 운영하던 수도원으로 가이사랴의 주교가 된 바실이 이웃 소도시 사시마의 주교로 임명하여 아리안주의(예수님의 하나님과 동등된 신성을 부인한)에 맞서 연합전선을 형성하려던 372년에는 주교로 오른지 일 년도 채 안 되어 아버지가 주교로 계신 나지안주스로 도망친다. 그리고 아버지의 죽음과 함께 도시의 주교 자리를 물려받을 것으로 기대되던 374년에는 시리아의 한 수도원으로 도망친다.

이 기간동안 이루어진 깊은 신학연구를 정리한 그의 저술은 그에게 신학자로서의 명성과 함께 아리안주의가 득세하는 콘스탄티노플을 다시금 정통 신앙고백 아래로 되찾으라는 막대한 책임을 안겨준다. 그리고 니케아 신경에 기초한 삼위일체론을 변호하던 연설들을 통해 명성을 얻어 381년에 콘스탄티노플의 주교 자리에 오른다. 그러나 제국의 심장에 세워진 교회를 둘러싼 정치적 소용돌이는 이 사색적인 인물이 헤쳐나가기에 너무 거세었고, 거기에 사시마 주교 직분에서 무책임하게 도망친 과거 이력에 발목 잡히며 곧바로 주교 자리에서 사임한다.

고향 나지안주스로 내려간 그레고리는 383년까지 잠깐 주교를 맡으나 390년까지 남은 여생을 자신이 늘 선호했던대로 조용히 수도자로서 보낸다. 바실과 요한 크리소스톰과 함께 동방의 삼대 교부로 꼽히는 그레고리, 그의 신학과 영성을 묶는 한 단어는 '빛'이다. 하나님은 연약한 인간의 눈으로 볼 수 없는 거룩한 빛이시나, 이 빛에서 나신 빛이신 로고스-예수님이 인간의 모습으로 오셔서 우리로 그의 빛을 통해 빛으로 걸어 올라가도록 도우시기에, 끝내 하나님 안에 거하게 된다는 것이다. '빛에서 나신 빛' 니케아 신경이 떠오르지 않는가?

바실 (Basil of Caesarea, 주후 330~379)

아테네와 콘스탄티노플에서 당대 최고의 스승들 밑에서 최고의 교육을 받으며 성공가도를 달리던 바실, 어느 날 그는 예수 그리스도의 복음의 진리의 빛 앞에 자신의 화려한 삶이 실은 얼마나 비참한지를 보고 눈물로 참회한다.

370년 오늘날 터키의 갑바도기아 지방에 위치한 가이사랴의 주교가 된 바실은 성부와 성자와 성령 하나님이 동등한 신성 가운데 사랑으로 완전한 연합을 이루신다는 삼위일체론적 관점에서 "하나님은 사랑이시라"하는 성경의 증언을 이해한다. 따라서 하나님의 형상으로 지어진 인간은 사랑의 실천으로 이웃들과 온전한 공동체를 이루어 갈 때 그 영혼에 새겨진 형상이 하나님을 닮아 자라가며, 이 과정의 완성을 인간의 구원으로 이해한다. 그렇기에 바실은 자신이 세운 수도원 공동체가 의료와 구제활동과 복음전파로 세상을 적극적으로 사랑하고 섬기도록 하여, 세상으로부터 은둔하던 기존 수도원 운동과는 다른 방향으로 이끌었다. 낮에는 주교 의복을 입고 교회와 세상을 섬겼으나, 밤에는 여느 수도승들의 누더기 옷을 걸쳐 입고 기도의 신비에 빠졌던 바실은 그 자신이

'세상 속 수도원 공동체' 영성의 표본이 되었다. 종이자, 아버지이자, 스승이자, 복음의 전령이자, 경건의 본보기이자, 양떼들의 목자이자, 교의학 박사이자, 농부이자, 건축가였던 대[처] 바실은 채 50세가 되기 전에 하나님의 품에 안겨 그 부지런했던 삶만큼 일찍 영원한 안식을 보상으로 얻는다.

니사의 그레고리 (Gregory of Nyssa, 주후 335~394)

친형이었던 바실을 '아버지'이자 '스승'으로 부르며 따랐던 그레고리, 372년에 바실에 의해 반강제적으로 니사의 주교 자리에 올랐다가 376년에 반대파에 의해 퇴위 그리고 381년에 바실에 의해 다시 주교 자리에 오른다.

이토록 철저하게 바실이라는 거목의 그늘 아래 가려졌던 그레고리였기에 바실이 세상을 떠난 379년 이후부터 신학자로서의 재능을 독자적으로 꽃피우기 시작한 사실은 놀랍지 않다.

381년에 성령님의 하나님 되심을 공증하기 위해 열린 콘스탄티노플 공의회에서 주도적인 역할을 하며 만개한다. 그의 신학과 영성을 한 눈으로 보여주는 성경 속 사건은 모세가 시내산으로 올라가 어두운 구름 속에서 하나님의 말씀을 받고 반석 사이에서 하나님의 등을 본 뒤로 그 얼굴이 광채로 빛난, 출애굽기에 기록된 사건이다.

하나님은 인간의 지각으로 알 수 없는 존재이기에 어두운 구름 속에서 자신을 가리워 만나주시는 분이시고, 이런 분을 만나기 위해 우리는 모세와 같이 거룩한 변화의 산을 올라가야 한다는 것이다. 그레고리는 인간이 하나님의 형상으로 변해나가는, 완전함에 올라서는 과정으로 기도와 실천적인 이웃사랑을 강조한다. 그러나 그 결과는 어디까지나 인간이 노력으로 이루는 산물이 아닌 하나님이 은혜로 주시는 선물이라 가르쳤다.

암브로시우스 (Ambrosious of Milan, 주후 337~397)

요람에 누워있는 아기의 얼굴에 한 무리의 벌떼가 내려앉아 꿀을 남기고 갔다는 유명한 일화를 갖고 있는 암브로시우스. 그는 아버지의 뒤를 이어 법학과 문학과 논변술을 배워 370년경 이탈리아 북부지방의 가장 유력한 지방장관에까지 오른다. 374년 밀란의 주교의 자리에 오르기에는 성경에 대해서는 박식하지 못했던 이 정치인 출신 주교에게 성경이라는 꿀을 맛보게 해 준 이는 동방교회 출신의 오리겐이었다. 그리고 어거스틴에게 이 꿀을 맛보게 해 준 이는 다름 아닌 암브로시우스였다. '렉티오 디비나'[영으로 읽는 독서]는 이들 하나님의 벌들의 날개짓 이었다. 어거스틴은 증언하기를, 암브로시우스는 언제나 그의 상담을 받고자 찾아온 사람들에게 둘러싸여 있다가 잠시 틈이 나면 육의 허기를 채울 음식을 먹고 있던지 아니면 영의 허기를 채울 렉티오 디비나를 하고 있었다고 한다. 꿀보다도 더 단 하나님의 말씀을 사람들의 입에 묻혀주던 이 부지런한 하나님의 벌은 주님이 십자가에 달리시고 무덤에 뉘이신 고난주간 금·토요일에 그 날개짓을 멈춘다.

요한 크리소스톰 (John Chrysostom of Constantinople, 주후 347~407)

'황금입 크리소스톰' 혹은 '제2의 사도 바울'이란 영애스러운 별칭을 얻은 요한, 그는 젊은 날에 은둔자와 같이 암굴에서 기도와 말씀과 노동으로 수행하던 중 병을 얻어 380년경 안디옥 도시로 돌아와 주교를 돕는 사제로 안수 받는다. 당시 유대교의 영향력이 강했던 안디옥은 성경을 상징적·비유적으로 해석하던 이집트의 알렉산드리아 학파와 마주서서 성경을 문자적·모형론적으로 해석하는 학파의 중심지로 성경해석의 양대 산맥을 이루던 도시였다. 이런 영향 아래 심지어 기독교인들조차 유대인들을 따라 회당 예식에 참여하여 유대교의 율례와 절기들을 문자적으로 따르는 풍토가 도시에 만연하자 요한은 갈라디아서 설교를 통해 그리스도 안에 새 성전과 새 율법 그리고 새로운 삶을 강조함으로 제2의 사도 바울이란 별칭을 얻는다. 명설교로 안디옥에서 명성이 높아진 요한은 397년에 콘스탄티노플로 압송되어 주교로 임명되고, 성직자들의 물질적으로 화려한 생활에 개혁을 가한다.

안디옥에서는 유대교의 영향력에 맞서야 했다면

콘스탄티노플에서는 니케아 신경에서 공표하는 삼위일체 고백에 반대하는 아리안주의 지지자들의 영향력에 맞서야 했다. 하지만 아리안주의 주창자인 아리우스가 안디옥의 성경해석학파 출신임을 상기하면 요한의 삶과 사역은 안디옥과 떼어 설명하기 힘들다. 평생을 수도자로 살기 원했던 요한의 금욕적인 성향은 화려한 문명을 구가하던 콘스탄티노플의 호사가들 사이에서 '자신들의 양떼들을 가까이서 돌보지 않는다'는 식의 악의적인 소문으로 입방아에 오르내리고, 허영과 자아도취에 빠져 주교회 근처에 자신의 은상을 세우려던 여제 유독시아와 첨예한 대립각을 세운다.

그 파장으로 잦은 유배길에 오른 요한은 17편의 논문과 700편 이상의 설교, 『마태복음』과 바울 서신에 대한 주석들 그리고 241편 이상의 보존된 서신 등, 교회사에서 누구보다 정력적인 집필가로 기억된다. 잦은 유배생활 가운데 저술활동을 통해 교회사의 '황금입'으로서 목회적 소임을 다하려 한 것이다. 요한은 하나님을 아는 신령한 지식은 창조계 안에서 영위되는 인간의 삶 속에서 드러나 하나님께 이르는 사다리가 되어야 한다는 견지를 지닌 목회적 신학자요, 또한 신학적인 목회자였다. 인간이 하나님께 이를 수 있는 사다리는 네 계단으로 이루어져 있는데 첫째는 창조세계요, 둘째는 성경이요, 셋째는 하나님의 성육신이요, 넷째는 성령님의 임재라고 여겼다. 요한은 407년 유배지에서 황금입을 다문 뒤 30여년이 지난 440년에 유독시아의 아들인 황제 테오도시우스 2세에 의해 명예롭게 콘스탄티노플로 돌아온다.

어거스틴 (Augustine of Hippo, 주후 354~430)

어느 누구보다 이 책 『예수님의 얼굴』에서 가장 많이 등장하는 이름인 어거스틴, 그는 궁극적인 진리를 얻고자 하는 자신을 사이에 두고 '이성'과 '믿음'이 벌이는 줄다리기 속에서 밀리고 당겨지다가 이 둘을 그 발 아래 복종시키는 주 예수 그리스도 안에서 비로소 안식하게 된다. 이해하기 위해서는 먼저 믿어야 하고, 이 믿음이 깊어지기 위해서는 이해해야 하나님을 아는 참 지식에 이를 수 있는데, 이는 결국 진리이신 예수 그리스도와의 만남 가운데 가능한 것이다. 그렇기에 어거스틴은 언제나 '대화' 가운데, 기도와 성경 읽기와 성례와 이웃들과의 삶 속에서 이 진리를 만나려 한다. 그렇기에 이 만남은 그가 회심하고 세례 받은 한 시기의 사건에만 그칠 수 없는, 평생의 여정 동안 계속되는 연속적인 사건이었다. 그의 마지막 숨까지도 기도를 통한 이 만남과 대화를 위해 사용된다.

베드로 크리솔로구스 (Peter Chrysologus of Ravenna, 주후 380~450)

'설교학의 거장'으로 알려진 베드로, 그는 433년경에 이탈리아 라벤나의 주교로 임명되어 첫 설교를 마치고 나서 갈라 플라시디아 공주로부터 '크리솔로구스', 즉 '황금의 언변'이라는 칭호를 얻는다. 그는 짧고 명료하지만 본질을 꿰뚫는 언변으로 정교회의 믿음을 빛나게 닦는 한편, 성찬의 떡과 포도주를 날마다 더불어 먹고 마실 것을 주장하고, 그리스도를 통한 하나님의 용서하심의 확실성과 더불어 기도와 금식과 긍휼의 하나됨을 강조한다.

막시무스 (Maximus of Turin, 주후 380~465)

이탈리아 북부 알프스 산자락에 위치한 도시 터린의 주교였던 막시무스, 그는 암브로시우스가 사망한 이 다음 해인 398년에 주교의 자리에 오른다. 그에 대해 알 수 있는 거의 유일한 단서가 되는 90여 편의 설교문 중에 89편에서 그는 주교의 역할을 '벌'에 비유한다(암브로시우스가 떠오르지 않는가!). 주교는 벌과 같이 부지런하고, 율법의 침을 사용해서 천국의 신령한 양식을 실어 나르고, 무너진 것을 세울 때에는 부드러우나 처벌할 때는 가차없이 엄한 존재들이라고 외치고 있다. 야만족들(당시 의미로는 로마제국의 통치력 밖에 있던 족속들)의 잦은 침입으로 민심이 흉흉하던 그의 시대에 주교는 알프스 산자락의 암반 위에 위치한 그의 처소에서 도시를 내려다 보며 예수 그리스도의 복음과 함께 천국의 시민윤리를 반포한다.

레오 (Leo the Great of Rome, 주후 400~461)

380년 이후로 로마제국이 비기독교 국가에서 기독교 국가로 변모해가고 '팍스 로마나'[로마에 의한 세계 평화와 질서]의 영향력이 상실되어가며 내우외환으로 어지러웠던 시기에 로마의 주교의 자리를 지켰던 레오. 그의 몸에 얹혔던 시대의 무게는 452년 로마를 침공하려던 훈족왕 아띨라를 만나 전쟁을 멈추도록 벌였던 협상에서 가늠해 볼 수 있다. 아띨라는 침략을 멈추었고 다음 해 453년에 사망한다. 신학자이기도 했던 레오는 431년에 소집된 칼케돈 공의회를 주도적으로 이끌며 지난 세 차례의 공의회 동안 놓아온 예수 그리스도의 신성과 인성에 대한 정교회의 신학적 기반을 위한 네 번째 주춧돌을 놓는 데 기여한다. 그레고리 자신은 성경에서 사대 복음서를 받았듯 사대 공의회를 받아 거룩한 믿음의 집을 올릴 주춧돌을 놓았다고 고백한다.

훌젠티우스 (Fulgentius of Ruspe, 주후 468~533)

로마주교 그레고리가 없었다면 6세기 가장 영향력 있는 교부로 기억되었을 훌젠티우스, 삶의 대부분을 수도원과 유배지에서 보낸다. 젊은 시절 탁월한 능력과 학식을 인정받아 아프리카 카르타고의 재무관으로 임명되었으나 2년 만에 사임하고 수도원에 입문한다. 여러 도시에서 그를 주교로 임명하려 노력했으나, 그럴 때마다 사람들을 피해 숨었다가 임명이 끝난 뒤에야 다시 나타나곤 했다. 그러다 결국 507년에 루스페(오늘날 튀니지의 로스파) 주교에 올랐지만, 수도승의 외투만을 걸친 채 집무하며 성직자들이 화려한 제복 입는 것을 금한다. 날카로운 신학적 통찰력과 수려하면서도 정제된 언변으로 예수님의 하나님과 동등된 신성을 부인한 아리안 신학의 논리를 제압했던 그였기에, 통치세력을 등에 업은 아리안 노선의 성직자들에 의해 수많은 세월을 유배지에서 보낸다. 생의 마지막 순간까지도 얼마 안되는 소유재산마저 가난한 자들과 제자들에게 나눠주고 금식과 기도 가운데 533년 1월, 65세의 나이로 주님의 품에 안긴다.

로마의 그레고리 (Gregory of Rome, 주후 540~604)

본인은 계속해서 수도승의 삶에 애착을 가졌지만 사회와 교회의 부름을 받았던 그레고리, 로마의 주교 자리에 오른(올려진) 그가 쓴 첫 번째 글은 "목회지침서"였다. 그렇게 그는 평생을 목회자로 살며, 성경을 자신의 지적 탐닉을 위해 읽는 자들이 교만의 늪에 빠져 허우적대다 이단이 될 소지가 높음을 경계하며 겸손히 성경을 읽으며 하나님의 음성을 들을 것을 강조했다. 그는 복음선포를 주교의 첫 직무로 여기어, 당시 이탈리아 반도 북부로 이주해 오랫동안 로마에게 골치거리를 안겨주던 롬바르도족에게마저 복음전파를 통한 복음화, 복음화를 통한 세계 평화의 도래를 도모했다. 설교자는 자신의 가슴에 고인 피에 펜을 적셔서 설교문을 쓰고 그 귀는 항상 이웃들에게 기울여야 한다고 이른다. 로마의 주교 그레고리는 본인의 건강을 제대로 돌보지 못한 데다 거기에 본인의 금욕적인 생활태도로 인해 속병을 앓아 몸이 허약했고, 그 목소리는 미약하여 그가 하는 말을 대신 전하는 전담 집사를 두어야 할 정도였다. 그런 그의 생애를 요약하는 한 문구는 아마도 '세르부스 세르보룸 데이'(servus servorum Dei, 하나님의 종들의 종)일 것이다.

콜럼바누스 (Columbanus the abbot, 주후 540~615)

20살에 수도원에 들어가 평생을 수도승으로 산 아일랜드 출신의 콜럼바누스, 50세에 그를 따르던 수도승들과 함께 아일랜드를 떠나 북부 유럽 저지대를 돌며 복음을 전한다. 동로마제국의 쇠퇴와 함께 당시 유럽 지역에는 북부와 동부 지역에서 이주해 온 비기독교인들이 뿌리를 내리고 있었다. 오늘날 프랑스에 정착하여 수도원을 세우고 복음전파의 전초기지로 삼은 뒤, 콜럼바누스와 그의 제자들을 따르는 무리들이 늘어나면서 제2·3의 수도원을 지경에 세운다. 동방교회의 유산을 받은 이 아일랜드 수도승은 서방교회의 주교들과 신학적으로 몇몇 다른 견해로 갈등을 겪고, 당시 왕의 부적절한 성관계를 비판하여 미움을 받아 610년에 아일랜드로 추방을 당한다. 하지만 우여곡절 끝에 아일랜드로 돌아가지 않게 되고 오늘날 독일에 정착하여 복음을 전하다가 다시 정치적인 탄압을 받아 알프스 산맥을 넘어 이탈리아 북부 지방으로 넘어와 비로소 순례자의 걸음을 멈춘다. 온 유럽에 발자취를 남긴 그의 걸음은 하나님을 닮는 인간 본연의 모습으로 되돌아가는 발걸음이었다.

이시도레(Isidore of Seville, 주후 560~636)

로마 주교 그레고리의 친구였던 형의 뒤를 이어 이베리아 반도에 위치한 세빌라의 주교가 된 이시도레. 그는 하나님을 알기 위해 세상과 떨어져 기도하며 묵상하는 삶과 세상 속에서 이웃들을 적극적으로 섬기는 삶 사이에서 이루는 균형을 추구했다. 그에게 황금 균형을 보여준 인물은 누구도 아닌 예수 그리스도셨다. 예수 그리스도 안에서 그는 하나님 사랑과 이웃 사랑이 한 몸을 이루는 사랑의 연합을 보았다. 그래서 그의 아이콘(성상) 대부분은 밭을 배경으로 삼고 농부의 쟁기가 소품으로 등장한다. 그 밭에서 쟁기를 내려놓고 하늘을 우러러 기도하는 그의 모습이야말로 그가 이해하고 닮아가려던 그리스도의 모습이었다.

다마스커스의 요한 (John of Damascus, 주후 676~749)

예루살렘 근처 다마스커스에서 태어나 자란 요한, 그는 아랍계 그리스도인으로 700여년경에 들어간 마르-사바 수도원에서 평생을 산다. 요한은 성상[聖像]과 성물[聖物]에 대해 그가 살던 세계를 둘러싸고 있던 유대교와 이슬람교의 입장과는 구별되는 입장을 취하던 비잔틴 교회 신학의 증인이다. 이 차이는 결국 다른 종교들과의 근본적인 차이에 근거한 것으로, 즉 예수 그리스도 때문이며, 보다 구체적으로는 그의 성육신과 십자가와 부활 사건 때문이다. 그렇기에 성상과 성물에 대한 요한의 목소리는 예술적 차원을 넘어 구원의 차원에까지 다다른다. 보이지 않는 하나님의 신성이 눈에 보이는 육체 가운데 거하며 죽음을 통해 부활의 영광에 이르렀기에, 인간의 죄로 말미암아 그 본모습을 잃은 인간을 포함한 눈에 보이는 창조세계와 창조물들이 이제는 그 본 모습을 회복하여 하나님이 당신의 신성의 충만함 가운데 거하실 처소가 되었다는(그리고 되어간다는) 논지를 담고 있기 때문이다.

참고 문헌

본문 글

[CCL] *Corpus Christianoum, Series Latina*
[CSEL] *Corpus Scriptorum Ecclesiasticorum Latinorum*
[PG] *Patrologia Graeca*
[PL] *Patrology Latina*
[SC] *Sources Chrètiennes*
[GCS] *Griechischen Christilichen Schriftsteller*
[Opera] *Sancti Columbani Opera*

[MLB] *The Mystery of Lord's Baptism* (Maximus of Turin; eBreviary 엮음, http://www.ebreviary.com/ebreviary/usa2/ebusafsprayer4b.nsf/7387a45cc18414e4852573f2000ce458/6cf29f9f966f58d585257758007baa1d/$FILE/0107_Office_Fri.pdf).
[RDO] *Reading for the Daily Office from the Early Church* (J. Robert Wright 엮음, New York: Church Publishing Inc., 1991).
[THW] *To His Wife* (Tertullian of Carthage·Kevin Knight 엮음, http://www.newadvent.org/fathers/0404.htm).
[TOM] *Treatise on the Mysteries* (Ambrosius of Milan·Kevin Knight 엮음 http://www.newadvent.org/fathers/3405.htm).
[WSA] *The Works of Saint Augustine for the 21st Century: Sermons 20-50 on the Old Testament* (John E. Rotelle 엮음, New York: New City Press, 1991).

그림

The Faces of Jesus (글: Frederick Buechner, 사진: Lee Boltin, New York:

Riverwood Publishers Limited, 1974).

기타 참고

Ancient Faith for the Church's Future (Mark Husbands·Jeffrey P. Greenman 엮음, Downers Grove, Illinois: Inter—Varsity Press, 2008).
Holy Things (Gordon W. Lathrop, Minneapolis: Fortress Press, 1998).
Popular Patristics Series (John Behr 엮음, New York: St. Vladimir Seminary Press, 1980—).
Reading scripture with the church Fathers (Christopher A. Hall, Downers Grove, Illinois: Inter—Varsity Press, 1998).
The Fathers, vol I & II (Joseph A. Ratzinger, Huntington, Indiana: Our Sunday Visitor, 2008).
The Philokalia, vol I & II (Nikodimos and Makarios 엮음, New York: Faber and Faber, 1979).
The Spirit of Early Christian Thought: seeking the face of God (Robert Louis Wilken, New Haven, Conn.: Yale University Press, 2003).
Understanding Early Chriatian Art (Robin Margaret Jensen, New York: Routledge, 2000).
Visual Faith: Art, Theology, and Worship in Dialogue (William A. Dyrness, Grand Rapids, Michigan: Baker Academic, 2001).

한글성경 번역본

성경전서 개역개정판 (재단법인 대한성경공회 발행).

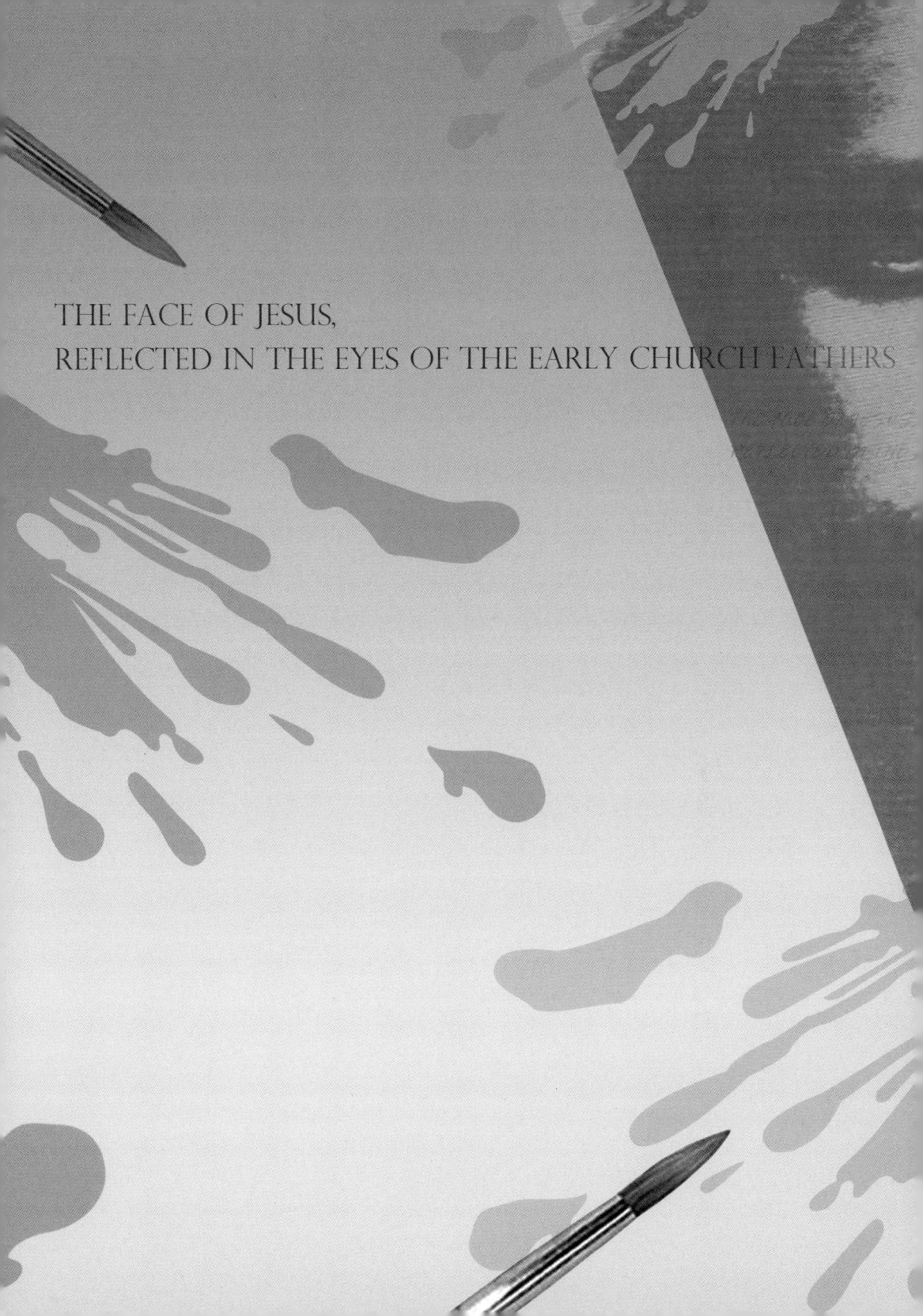

THE FACE OF JESUS,
REFLECTED IN THE EYES OF THE EARLY CHURCH FATHERS

초대교부들의 눈에 비친
예수님의 얼굴

2012년 7월 20일 초판 발행

엮은이 | 곽 계 일

펴낸곳 | 사)기독교문서선교회
등록 | 제16-25호(1980. 1. 18)
주소 | 서울시 서초구 방배동 983-2
전화 | 02) 586-8761~3(본사) 031) 923-8762~3(영업부)
팩스 | 02) 523-0131(본사) 031) 923-8761(영업부)
홈페이지 | www.clcbook.com
이메일 | clckor@gmail.com
온라인 | 국민은행 043-01-0379-646, 기업은행 073-000308-04-020
　　　　예금주: 사)기독교문서선교회

ISBN 978-89-341-1212-9(03230)

* 낙장·파본은 교환해 드립니다.